Gracia que Renace

Devocionario Semanal para Mujeres en Etapa de Retiro

Devociones de 5 Minutos para Encontrarte con Dios, Vivir con Gozo y Abrazar Sus Bendiciones en Esta Nueva Etapa

Steward Press

Tabla de Contenidos

Introducción

Bienvenida, querida amiga, a estos momentos que compartiremos semana a semana. Si hoy tienes este libro en tus manos, es probable que estés transitando la etapa del retiro, una experiencia única y, muchas veces, maravillosa. Este capítulo de la vida puede desplegarse como el suave paso de una página y, al hacerlo, revelar paisajes nuevos para tu corazón y tu espíritu. Tal vez lo esperaste con ilusión, soñando con horarios más libres y la oportunidad de retomar pasiones que habían quedado en pausa; o quizá llegó con un susurro de incertidumbre, una mezcla de entusiasmo y preguntas sobre lo que está por venir. Sea cual sea tu camino hasta aquí, no estás sola.

El retiro es un viaje que, para algunas, se presenta como una aventura recién estrenada, con proyectos aún frescos, mientras que para otras se ha convertido en un compañero cercano, un ritmo que ya encontró su cadencia tranquila. Puede que estés disfrutando de la libertad de marcar tu propio paso, de saborear con calma tu café de la mañana o de dedicar horas valiosas a la familia, a los amigos y, quizá también, a nuevas actividades que enciendan tu corazón.

Las alegrías de esta etapa suelen venir acompañadas de ajustes: las rutinas de siempre ceden su lugar a otras nuevas, la identidad puede ir transformándose poco a poco y aparece un espacio que invita a detenerse, reflexionar y, en ocasiones, a desear una conexión más profunda y un propósito renovado. Este camino, con todos sus matices, es únicamente tuyo, aunque muchas compartimos la experiencia de recorrerlo en busca de sentido y de la guía amorosa de Dios. Es un tiempo lleno de potencial, propicio para crecer espiritualmente y contemplar la vida con la sabiduría que aportan los años y con una gracia renovada.

Mi deseo más profundo es que estas páginas se conviertan en una compañera querida en tu camino, una pequeña luz que te ofrezca ánimo y esperanza cada semana. Imagina esta guía como una conversación tranquila entre amigas, un momento compartido para hacer una pausa, respirar y encontrarte con Aquel que orquesta todas las estaciones de nuestra vida.

En estas páginas exploraremos la alegría, la paz y la inspiración que puede aportar una relación más profunda con Dios en esta etapa de retiro. No se trata de añadir otra tarea a tu lista de pendientes; más bien, es una invitación a abrir un regalo: un tiempo breve pero valioso para nutrir tu fe y recordar Su amor inagotable y los maravillosos planes que aún tiene para ti.

Tienes tanto que ofrecer, y esta etapa puede convertirse en una de las más fructíferas en el plano espiritual. Aquí descubriremos juntas cómo la Palabra de Dios puede fortalecerte, ofrecerte una nueva perspectiva e inspirarte a recibir cada día con un corazón gozoso y expectante.

Para que este camino sea a la vez significativo y llevadero, cada uno de los 52 devocionales está pensado como una pausa suave en tu semana, un respiro espiritual que puedes disfrutar en unos cinco minutos. La estructura es sencilla y sigue un ritmo constante, para que cada encuentro con estas páginas te brinde un espacio familiar y acogedor.

- Comenzaremos con una breve cita bíblica, solo una o dos frases de la Palabra de Dios, para anclar nuestros pensamientos y abrir el corazón.
- Luego encontrarás pensamientos que buscan animarte y darte aliento. Es un espacio para conversar con sencillez, como entre amigas, explorando juntas la Palabra de Dios de una manera cercana y significativa, relevante para esta etapa del retiro, con el deseo de inspirarte y motivarte.
- Luego encontrarás una breve sección llamada Reflexiona y aplícalo, pensada como un suave estímulo para personalizar el mensaje. Tal vez incluya una pregunta para meditar o una idea sencilla que te acompaña a lo largo de la semana.
- Finalmente, cerraremos con una oración breve, una ofrenda sincera a Dios que resuma el tema de nuestro devocional y lo entregue delante de Él.

Este libro nace del amor y la oración, con el deseo profundo de que te ayude a aprender, a disfrutar de verdad y a inspirarte a profundizar en tu fe, en tu familia y en tu comunidad. Busca un lugar cómodo, quizá sirvas tu taza de té favorita, y comencemos juntas este hermoso camino. Semana a semana iremos recibiendo Sus bendiciones y descubriendo Su gozo.

Capítulo 1

Dar la Bienvenida a los Nuevos Comienzos

1. El Amanecer de un Nuevo Día: Comienza Tu Próximo Capítulo

Por el gran amor del Señor no hemos sido consumidos y su compasión jamás se agota. Cada mañana se renuevan sus bondades; ¡muy grande es su fidelidad!
–Lamentaciones 3:22-23

¿Qué puede ser más alentador que presenciar el amanecer de un nuevo día? La pizarra parece estar limpia, las posibilidades son infinitas. Así puede sentirse esta etapa de retiro, como una mañana completamente nueva para el espíritu. Las palabras de Lamentaciones son un recordatorio lleno de consuelo, ¿verdad? Su compasión y su misericordia tierna jamás fallan. Se renuevan y nos esperan cada día, como un regalo personalizado de nuestro Padre amoroso.

Quizás durante años tus mañanas fueron un torbellino de actividad: prepararte para el trabajo, atender las necesidades de la familia y cumplir con los plazos. El ritmo estaba marcado, muchas veces por exigencias externas. Ahora, en esta etapa de retiro, ese ritmo probablemente ha cambiado. Tal vez sea más tranquilo, más suave. Este cambio no es un final, sino una invitación a experimentar la fidelidad de Dios desde una nueva perspectiva. Así como el sol amanece sin falta, Su amor y Su presencia son constantes en nuestra vida, especialmente en tiempos de transición.

Este nuevo capítulo es una oportunidad para redefinir cómo se ven tus días, bajo la guía de Su misericordia renovada. Tal vez estés dejando atrás rutinas que ya no te sirven, y eso está bien. Eso abre espacio: espacio para respirar, espacio para soñar, espacio para simplemente estar con Él. Piensa en este tiempo como una página en blanco. ¿Qué nuevas formas de vivir tu fe podrían estar inspirándote en este tiempo? ¿Qué pequeñas alegrías te está invitando a descubrir?

Hay una belleza única en esta etapa, una oportunidad para apoyarte en Su gran fidelidad mientras exploras el paisaje de este nuevo "amanecer". Es una ocasión para descubrir de verdad Su compasión, viéndola no solo como consuelo por lo que quedó atrás, sino también como fuerza para todo lo bueno que aún está por venir. Su amor nos asegura que no seremos vencidas por el cambio o la incertidumbre, sino que estaremos seguras y sostenidas al dar el paso hacia la luz de nuestro propio nuevo día.

Reflexiona y aplícalo: Reserva un momento esta semana para contemplar un amanecer, o simplemente para detenerte en la quietud de tu mañana. ¿De qué manera puedes buscar y recibir conscientemente las "nuevas misericordias" de Dios en esta etapa de retiro? ¿Cuál es ese pequeño paso que puedes dar para acoger la novedad que Él te ofrece?

Oración: *Padre celestial, gracias por Tu fidelidad inagotable que me recibe cada mañana. Ayúdame a contemplar esta etapa de retiro con Tus ojos, como un amanecer colmado de misericordias renovadas y nuevas oportunidades. Concédeme el valor para abrazar los cambios, la sabiduría para discernir Tu camino y un corazón dispuesto a los silenciosos gozos que has preparado para mí. Que Tu compasión amorosa ilumine mi sendero hoy y siempre. Amén.*

2. Más Allá de los Minutos: El Tiempo, un Don Sagrado

Enséñanos a contar bien nuestros días, para que nuestro corazón adquiera sabiduría.
–Salmo 90:12 (NVI)

Uno de los cambios más evidentes que trae el retiro es la manera en que percibimos el tiempo. De repente, el día se abre con más horas libres y menos obligaciones. Puede sentirse como un lujo, y también resultar un poco extraño. Pero ¿has pensado que este tiempo nuevo no son solo minutos vacíos, sino un regalo sagrado? Es una invitación de Dios para cultivar la sabiduría en el corazón.

La oración del salmista, "enséñanos a contar bien nuestros días", no habla de vivir con ansiedad ni de descontar el tiempo, sino de reconocer el valor de cada día y buscar vivirlo con intención. En los años de trabajo, el tiempo parecía algo que había que administrar a toda costa, siempre tratando de hacer más y de estirarlo al máximo. Ahora, quizá tengas la oportunidad de mirar el tiempo de otra manera: como esos momentos abiertos y hermosos en los que puedes invertir en lo que realmente importa

—profundizar tu relación con Dios, alimentar el alma y conectar de verdad con quienes amas.

Este regalo no pretende ser una carga, ni exige que debas hacer algo en cada segundo para llenar ese espacio, sino que es una invitación a vivir con intención. Tal vez ahora puedas dedicar tiempo sin prisas a la oración y a la Palabra, algo que antes anhelabas pero que no siempre era posible entre tantas exigencias. Quizás sea el momento de explorar algo que despierte tu lado creativo, aprender algo nuevo o fortalecer los lazos con la familia y los amigos. Puede ser la libertad de ayudar espontáneamente a un vecino, unirte a un grupo de estudio bíblico, o simplemente sentarte en silencio para conversar con Dios. Ganar sabiduría en este tiempo es aprender a escuchar cómo Él quiere que uses este regalo. No se trata de hacer cosas sin parar, sino de disfrutar cada día y hallar propósito al vivirlo cerca de Él.

Reflexiona y aplícalo: Contempla el regalo del tiempo en tu vida en este momento. ¿Hay alguna forma nueva en la que sientas que Dios te está invitando a emplear tu tiempo esta semana —quizá para descansar, aprender, ayudar o profundizar tu relación con Él— que pueda brindarte alegría y cultivar sabiduría?

Oración: *Señor, gracias por el valioso don del tiempo. Enséñame, te ruego, a contar mis días con intención y con gracia, para que mi corazón se llene de Tu sabiduría. Guíame a emplear estas horas y estos días de*

manera que te honren, llenen mi alma de alegría y me permitan ser bendición para otros. Ayúdame a atesorar este espacio sagrado y a encontrar plenitud verdadera al vivir cada momento con propósito. Amén.

3. Nuevos Horizontes, Nuevo Propósito

Porque yo sé muy bien los planes que tengo para ustedes —afirma el Señor—, planes de bienestar y no de calamidad, a fin de darles un futuro y una esperanza.
–Jeremías 29:11 (NVI)

La palabra "retiro" suele evocar imágenes de descanso y serenidad, y, sin duda, esos son dones maravillosos de esta etapa. Pero, querida amiga, el retiro es mucho más que eso. Es una nueva perspectiva, un horizonte renovado, y creo de todo corazón que nuestro Dios amoroso aún tiene planes asombrosos para tu vida: planes llenos de esperanza, de futuro y de un propósito que sigue desplegándose ante ti.

Es natural que, al cerrar un capítulo tan importante como una carrera profesional, surjan preguntas acerca del propósito. A veces, nuestra identidad se entrelaza con lo que hacemos. Sin embargo, nuestro verdadero propósito, el que viene de Dios, está fundamentado en que somos hijas suyas y ese llamado jamás se retira. Jeremías 29:11 es una promesa poderosa, pronunciada en tiempos de gran incertidumbre para el pueblo de Dios, pero cuyo eco llega también a nuestro corazón en el presente. Él sabe muy bien los planes que tiene para ti, y son planes de bien.

Esta etapa es una oportunidad hermosa para explorar esos planes con una mirada renovada y un corazón abierto. Tu propósito puede transformarse y adoptar nuevas formas y expresiones. Tal vez ahora sea el momento de invertir más tiempo en tu familia, acompañar y guiar a mujeres más jóvenes, o servir como voluntaria en una causa que despierte un profundo interés en ti. Puede que se trate de desarrollar tus dones espirituales de maneras diferentes, liderar un pequeño grupo o dedicar tiempo a orar por tu comunidad y por el mundo. La clave está en conservar la curiosidad y la apertura a la guía de Dios. ¿Qué inquieta tu corazón? ¿Dónde percibes una necesidad que sientes el deseo o la capacidad de suplir?

Dios suele sembrar las semillas de nuestro futuro justo en medio de los intereses y anhelos que pone en nuestro corazón. Él no desea que pases tus días sin rumbo, sino que vivas con sentido y alegría, usando todos los dones y experiencias que te ha dado, sin importar tu edad o etapa de la vida.

Reflexiona y aplícalo: Tómate un momento para escuchar tu corazón. ¿Qué actividades, causas o formas de servir despiertan en ti entusiasmo o propósito, aunque sea pequeño? ¿Cómo podrías dar un paso esta semana para explorar un poco más ese llamado?

Oración: *Señor amado, gracias por la promesa de que tienes buenos planes para mí, llenos de esperanza y de futuro. Mientras transito esta*

etapa de retiro, abre mis ojos para descubrir los nuevos caminos de propósito que has preparado para mí. Guía mis pasos, aviva mis anhelos y muéstrame cómo puedo seguir sirviéndote y compartiendo tu amor con el mundo. Concédeme el valor para abrazar estos nuevos horizontes con un espíritu alegre y dispuesto. Amén.

4. Soltar Para Avanzar

Olviden las cosas de antaño; ya no vivan en el pasado. ¡Voy a hacer algo nuevo! Ya está sucediendo, ¿no se dan cuenta? Estoy abriendo un camino en el desierto y ríos en lugares desolados.

–Isaías 43:18–19

Entrar en una nueva etapa, como el retiro, implica muchas veces una delicada danza entre mirar el pasado con gratitud, anticipar el futuro con expectación y, en ocasiones, querida amiga, también requiere soltar con suavidad lo que ya fue para hacer espacio a lo que está por venir. Las palabras del profeta Isaías son un aliento poderoso para estos momentos: es Dios mismo quien nos invita a "olvidar las cosas de antaño", no para restarles valor, sino para enfocar nuestra mirada en el "nuevo propósito" que Él está orquestando en nuestra vida.

Soltar puede ser un proceso tierno y sensible. Tal vez dejas atrás una carrera que fue parte fundamental de tu identidad, o una rutina diaria que dio estructura a tu vida durante décadas. Quizás soltar signifique despedirte del bullicio de la actividad constante, o incluso de ciertas expectativas que albergabas para este tiempo. Es válido reconocer cualquier sentimiento de nostalgia o incluso un poco de duelo que acompañe estos cambios. Pero, además de eso, escucha el entusiasmo en la voz de Dios: "¡Voy a hacer algo nuevo! Ya está sucediendo, ¿no lo percibes?" Él está obrando algo maravilloso y diferente, aunque el camino por delante pueda parecer, al principio, un "desierto" o una "tierra árida".

Este "nuevo propósito" puede manifestarse como un ritmo más sereno de andar por la vida, una paz más profunda, nuevas oportunidades para conectar o caminos inesperados de crecimiento y servicio. Nuestro papel es simplemente estar abiertas para percibirlo y atentas a las pequeñas señales de Su nueva obra que brota a nuestro alrededor. Esto requiere confianza, ¿verdad? Confiar en que, aunque no veamos todo el sendero, Él ciertamente está abriendo el camino. Soltar lo conocido permite que nuestras manos estén libres para recibir los nuevos dones que Él tiene preparados para ti. No se trata de olvidar lo que quedó atrás, sino de dejar que sea el firme cimiento sobre el cual Dios edificará un próximo capítulo, sorprendente y maravilloso, solo para ti.

Reflexiona y aplícalo: Al comenzar esta nueva etapa de retiro, pregúntate si hay rutinas, roles o expectativas del pasado que sientes que Dios te invita a soltar con suavidad, para así poder abrazar plenamente lo que Él tiene preparado para ti ahora. ¿Qué pequeño paso podrías dar de forma consciente esta semana para avanzar hacia la "nueva cosa" que Él está haciendo en tu vida?

Oración: *Dios fiel, Tú haces nuevas todas las cosas. Gracias por todo lo vivido y por las enseñanzas que me has dejado. Ahora, Señor, dame el valor y la gracia para soltar lo que sea necesario y avanzar con fe hacia lo nuevo que Tú estás realizando en mi vida. Ayúdame a percibir tu obra, a confiar en tu guía aun cuando el camino no sea claro, y a abrazar este nuevo capítulo con un corazón abierto y expectante. Guíame, te lo ruego, junto a tus ríos en la tierra árida. Amén.*

5. Manos Abiertas, Corazón Dispuesto: Déjate Sorprender por Dios

Confía en el Señor de todo corazón y no te apoyes en tu propia inteligencia. Reconócelo en todos tus caminos, y él enderezará tus sendas.

–Proverbios 3:5–6

¿Has notado la paz que se experimenta al reconocer que no necesitamos tener todas las respuestas ni cada paso del futuro perfectamente trazado? Al abrazar este nuevo comienzo del retiro, querida amiga, quiero animarte a adoptar una actitud de manos abiertas y corazón dispuesto, lista para las hermosas sorpresas que Dios tiene preparadas. La conocida sabiduría de los Proverbios nos recuerda la increíble libertad que encontramos al confiar plenamente en Él, en vez de depender solo de nuestro propio entendimiento.

Nuestra comprensión, aunque valiosa, es limitada. Vemos lo inmediato, lo tangible, tal vez solo unos pocos pasos por delante. Pero Dios contempla el panorama completo de nuestra vida, todas las conexiones invisibles y el diseño maravilloso que Él está tejiendo con amor. Cuando dejamos de apoyarnos en nuestra propia razón y elegimos confiar en Él en todos nuestros caminos, en realidad estamos poniendo nuestro viaje en las manos más capaces y amorosas posibles. ¿Y cuál es la promesa? Él allanará nuestras sendas. No siempre será fácil, ni necesariamente predecible, pero será un camino recto, que nos conduce con propósito hacia lo mejor que Él ha planeado para nosotras.

Reflexiona y aplícalo: Piensa en la semana que tienes por delante. ¿Cómo puedes ejercitar de manera consciente esa actitud de manos abiertas y corazón dispuesto? ¿Hay alguna área en la que estés tratando de apoyarte en tu propio entendimiento y que podrías entregar a Dios, confiando en que Él enderezará tu camino?

Oración: *Señor amado, vengo ante ti con el deseo de confiar más plenamente en tu voluntad. Ayúdame a soltar el control de mis propios planes y razonamientos, y a abrir mis manos y mi corazón a tu guía. Enséñame a confiarte todos mis caminos, sabiendo que tú allanarás mis sendas. Llena mi corazón de gozosa expectación por las sorpresas que tienes preparadas para mí en esta etapa de retiro. Que pueda caminar en fe, dispuesta y atenta a seguir dondequiera que tú me lleves. Amén.*

Capítulo 2

Cultivar un Corazón Agradecido

6. El Arte de Descubrir y Contar las Bendiciones Ocultas

Den gracias a Dios en toda situación, porque esta es su voluntad para ustedes en Cristo Jesús.
–1 Tesalonicenses 5:18

¿Te has dado cuenta de cómo un simple cambio de perspectiva puede iluminar por completo nuestra vida? Cultivar un corazón agradecido es justamente eso: un arte sutil, una práctica que, poco a poco, nos permite descubrir esas bendiciones ocultas que acompañan silenciosamente nuestros días. La invitación del apóstol Pablo a "dar gracias en toda situación" puede resultarnos difícil, sobre todo cuando atravesamos momentos complicados. Sin embargo, observa que nos invita a dar gracias en toda situación, no necesariamente por todo lo que sucede. Se trata de aprender a reconocer el hilo de la bondad de Dios aun en medio de la confusión y los desafíos.

Durante el retiro, solemos disponer de más tiempo para nosotras y eso se convierte en una valiosa oportunidad para practicar este arte de contar bendiciones. Los grandes regalos —una familia que nos acompaña, la salud, un hogar donde encontramos paz— son fáciles de reconocer y agradecer. Sin embargo, hay una alegría especial que florece cuando aprendemos a fijarnos en los pequeños detalles: el calorcito del sol en la piel, el aroma de una taza de café recién hecho, la sonrisa de una vecina o esa canción que nos alegra el alma. Son esos gestos sencillos, a veces casi invisibles, los que reflejan más profundamente el tierno amor de Dios.

Cuando elegimos, de forma consciente, buscar motivos para agradecer, nuestros pensamientos dejan de centrarse en lo que nos falta y comienzan a descubrir la abundancia que ya nos rodea. No se trata de ignorar las dificultades, sino de aprender a ver la presencia y el cuidado de Dios incluso en medio de ellas. Esta actitud es la voluntad de Dios para nosotras en Cristo Jesús, porque Él sabe que un corazón agradecido se fortalece y se llena de alegría. Al practicar este arte de contar, vamos afinando la mirada para reconocer la mano de Dios en cada momento, y hasta los días más sencillos se transforman en motivos para dar gracias.

Reflexiona y aplícalo: Esta semana, haz el propósito de ser una "contadora de bendiciones". ¿Cuáles son tres regalos cotidianos —quizá esos que suelen pasar desapercibidos— por los que hoy puedes dar gracias a Dios? Si quieres, puedes anotar lo que has descubierto en un pequeño diario de gratitud durante algunos días.

Oración: *Señor bueno, abre mis ojos para reconocer todas las bendiciones que derramas sobre mi vida cada día, tanto las grandes como las pequeñas. Enséñame a cultivar un corazón agradecido en cualquier circunstancia, no porque la vida siempre sea sencilla, sino porque tú eres siempre fiel. Que mi gratitud llegue a ti como una ofrenda sencilla y sincera. Amén.*

7. El Eco de la Gratitud: Encontrar Alegría en el Agradecimiento

Entren por sus puertas con acción de gracias; vayan a sus atrios con alabanza; denle gracias, alaben su nombre. Porque el Señor es bueno y su amor es eterno; su fidelidad permanece para siempre.
–Salmo 100:4-5

¿Te has dado cuenta de cómo expresar gratitud de corazón puede transformar nuestro ánimo en un instante, como si de pronto el sol se asomara entre las nubes? Hay una relación hermosa e innegable entre un corazón agradecido y una vida llena de alegría. El salmista lo describe con tanta belleza: entramos en la presencia de Dios, en sus "puertas" y "atrios", llevadas por el agradecimiento y la alabanza. Es como si la gratitud fuera la llave que nos permite saborear, de verdad, el gozo de estar cerca de Él.

¿Y por qué ocurre esto? Porque, en el fondo, la gratitud nos ayuda a dejar de mirar solo nuestras circunstancias y nos invita a enfocarnos en la bondad inmutable de Dios. Cuando nos detenemos a dar gracias y alabar su nombre, recordamos —como dice el salmo— que "el Señor es bueno, su gran amor perdura para siempre y su fidelidad permanece por todas las generaciones". No es solo un pensamiento positivo: es anclar el corazón en la verdad de quién es Dios. Piensa en esto: su bondad nunca termina, su amor no depende de lo que hagamos, y su fidelidad se mantiene firme generación tras generación. ¿No son motivos suficientes para vivir agradecidas?

Reflexiona y aplícalo: Recuerda algún momento en el que expresar gratitud realmente haya transformado tu ánimo. ¿De qué manera el enfocarte en el agradecimiento ha impactado tu alegría? Esta semana, ¿cómo podrías "entrar por sus puertas con acción de gracias"? Tal vez a través de una canción, una oración o reservando un momento de silencio para reconocer su bondad.

Oración: *Señor, tú eres bueno y tu amor dura para siempre. Llena mi corazón de gratitud, hasta que rebose y toque cada aspecto de mi vida, trayendo contigo ese gozo profundo que solo tú puedes dar. Ayúdame a buscar tu presencia cada día con agradecimiento, alabando tu nombre y confiando en tu fidelidad inagotable. Que mi vida entera sea un eco de gratitud hacia ti. Amén.*

8 Los Regalos del Ayer: Gratitud por los Recuerdos Atesorados

Doy gracias a mi Dios cada vez que me acuerdo de ustedes.
–Filipenses 1:3

Nuestra vida es un valioso mosaico, formado por experiencias, relaciones y momentos que han dado forma a nuestro camino. A medida que avanzamos en esta etapa de retiro, solemos tener más tiempo para mirar al pasado y reflexionar sobre lo vivido — ¡y te sorprenderías de los tesoros que puedes encontrar entre tus recuerdos! Las palabras sinceras del apóstol Pablo a los filipenses nos recuerdan el poder y la importancia de dar gracias a Dios por los regalos del pasado, especialmente por las personas que han dejado huella en nuestra historia.

Piensa por un momento en los rostros que te vienen a la mente al leer ese versículo: familiares, amistades queridas, mentores y mentoras, o incluso personas bondadosas que cruzaron tu camino solo por un instante. Cada una, a su manera, ha contribuido a la mujer que eres hoy. Hay recuerdos de risas compartidas, consuelo en tiempos de dificultad, lecciones aprendidas y amor dado y recibido. No son simples momentos pasajeros; son regalos duraderos que muestran cómo la gracia y el cuidado de Dios han estado presentes a lo largo de tu vida. Agradecer a Dios por esos recuerdos y por quienes los protagonizaron es reconocer que su mano amorosa guía tu historia.

Agradecer por el pasado no significa vivir anclada en él, sino permitir que el calor de esos recuerdos ilumine y enriquezca tu presente. Esto nos ayuda a apreciar con mayor claridad el hermoso cuadro de la fidelidad de Dios, recordándonos que, así como estuvo a nuestro lado en el ayer, también lo está hoy y lo estará todos los días por venir. Esta etapa de retiro es un momento especial para expresar gratitud a esas personas, si tienes la oportunidad, o simplemente para elevar una oración a Dios por la huella que han dejado en tu vida.

Reflexiona y aplícalo: ¿Qué recuerdo hoy te dibuja una sonrisa y llena tu corazón de calidez? Tómate un momento para agradecer a Dios por esa persona y por el regalo que su presencia ha significado —o sigue significando— en tu vida. Piensa en cómo Dios te ha demostrado su fidelidad a través de aquella persona.

Oración: *Padre celestial, gracias por el valioso regalo de la memoria. Te agradezco de corazón por las personas que has puesto en mi camino, por el amor compartido, por las lecciones aprendidas y por las experiencias que me han formado. Gracias por tu fidelidad constante,*

entretejida en cada uno de mis ayeres. Que estos recuerdos sigan siendo fuente de alegría y un recordatorio de tu gracia que nunca falla. Amén.

9. Este Instante, Este Respiro: Abraza la Gratitud del Presente

Este es el día que hizo el Señor; regocijémonos y alegrémonos en él. – Salmo 118:24

En un mundo que nos empuja constantemente a pensar en el futuro o a quedarnos ancladas en el pasado, existe una verdad sencilla y profunda que puede regalarnos paz: el don del presente. Este instante, este respiro que tomas ahora, es obra fresca de la mano de Dios. Las palabras del salmista no son solo una sugerencia, sino una invitación llena de gozo: "Este es el día que hizo el Señor; regocijémonos y alegrémonos en él".

Elegir alegrarnos es un acto consciente. Hay días en los que la alegría surge de manera natural: el sol brilla, nos sentimos bien y las bendiciones parecen rebosar. Pero también hay jornadas en las que las nubes no se disipan, los desafíos pesan y encontrar motivos para el gozo se convierte en un verdadero acto de fe. Sin embargo, la verdad permanece: este día, con todo lo que trae consigo, es un regalo. El retiro puede ser un maestro entrañable en el arte de disfrutar el presente. Al dejar atrás la rutina y las exigencias del trabajo, solemos encontrar más espacio para saborear las cosas sencillas y hermosas del ahora: el aroma del café, una flor en el jardín, la calma de un hogar tranquilo o una charla sincera con una amiga.

Abrazar la gratitud en este instante, en este respiro, es reconocer la presencia y el cuidado de Dios aquí y ahora. Es aprender a dejar de lado las preocupaciones por el mañana y los remordimientos del pasado, para optar, en cambio, por la paz y el agradecimiento en este preciso momento. Cada amanecer es una nueva oportunidad para experimentar el amor de Dios, descubrir su mano en los pequeños detalles y ofrecerle nuestra gratitud por el simple y profundo regalo de un día más de vida. Qué hermoso es vivir así, celebrando el mosaico único de cada jornada que Dios nos concede.

Reflexiona y aplícalo: Haz una pausa y observa tu rutina. ¿Hay algún detalle, tal vez algo sencillo, que suele pasar desapercibido, por lo que puedas dar gracias a Dios y elegir, de corazón, alegrarte y celebrar el regalo del presente?

Oración: *Señor, gracias por el regalo precioso de este día. Tú lo has creado y yo elijo alegrarme y regocijarme en él. Ayúdame a vivir plenamente el presente, a descubrir tus bendiciones en lo cotidiano y a transitar esta jornada con un corazón agradecido y lleno de gozo. Que tu presencia sea siempre mi mayor alegría, hoy y siempre. Amén.*

10. El Torrente que Fluye: Compartir un Corazón Agradecido

Que gobierne en sus corazones la paz de Cristo, a la cual fueron llamados en un solo cuerpo. Y sean agradecidos. Que habite en ustedes la palabra de Cristo con toda su riqueza: instrúyanse y aconséjense unos a otros con toda sabiduría; canten salmos, himnos y canciones espirituales a Dios, con gratitud de corazón.

–Colosenses 3:15-16

Un corazón verdaderamente lleno de gratitud rara vez guarda ese agradecimiento solo para sí mismo. Como un manantial que desborda, un espíritu agradecido busca naturalmente compartir su alegría y reconocimiento. Las palabras de Pablo a los Colosenses reflejan una comunidad en la que la paz de Cristo reina y la gratitud abunda, manifestándose en una expresión sincera de fe y apoyo mutuo. La gratitud no es solo un sentimiento profundo; es como una energía vibrante que debe fluir para bendecir tanto a Dios como a quienes nos rodean.

¿Cómo hace ese corazón agradecido para que el torrente fluya hacia afuera? En primer lugar, hacia Dios. Nuestra gratitud puede expresarse mediante una oración sincera o cantando salmos, himnos y cánticos espirituales, tal como nos anima la

Escritura. Asimismo, puede manifestarse en momentos de adoración en silencio, reconociendo su bondad y soberanía. En segundo lugar, esa gratitud puede extenderse a las personas que nos rodean. Un "gracias" genuino, una nota de agradecimiento o un acto de bondad inspirado en la gratitud —esas pequeñas acciones tienen el poder de alegrar el día de alguien y reflejar el amor de Dios en nosotras.

En la etapa de retiro, con mayor libertad en nuestros horarios, podemos descubrir nuevas oportunidades para estas expresiones intencionales de gratitud. Quizá sea dedicar tiempo a escribir esa carta que has postergado, o dedicarte a voluntariados que permitan que tu agradecimiento por las bendiciones de Dios se traduzca en servicio. Cuando el mensaje de Cristo habita en abundancia en nuestro interior y Su paz gobierna nuestros corazones, la gratitud se vuelve un idioma natural, una canción llena de alegría que no podemos evitar compartir, enriqueciendo nuestras vidas y las de quienes tocamos.

Reflexiona y aplícalo: piensa cómo puede fluir ese torrente de gratitud hacia afuera esta semana. ¿Quién es esa persona a quien sientes el impulso de agradecerle y cómo lo harás? ¿De qué forma específica puedes también ofrecer tu agradecimiento directamente a Dios, ya sea en adoración o mediante un acto deliberado de alabanza?

Oración: *Padre Celestial, que la paz de Cristo gobierne tan plenamente en mi corazón que la gratitud sea su respuesta natural. Que Tu Palabra habite en mí en abundancia, impulsándome a cantar Tus alabanzas y a compartir mi gratitud con los demás. Ayúdame a ser un canal de Tu amor y reconocimiento, dejando que ese torrente de gratitud bendiga a quienes me rodean como una manifestación exterior de un corazón verdaderamente agradecido. Amén.*

Capítulo 3

Echar Raíces Más Profundas en la Fe

11. Un Sendero Conocido: Encontrar Consuelo en Su Palabra

Tu palabra es una lámpara a mis pies; es una luz en mi sendero.
–Salmo 119:105

Hay algo profundamente reconfortante en caminar por un sendero que conoces bien. Cada paso trae consigo recuerdos, compañía y la certeza de una ruta que, una y otra vez, te ha llevado de regreso a casa. Para quienes creemos, la Palabra de Dios es ese camino familiar: una guía constante, un consuelo fiel y una luz que nunca se apaga. ¿No es acaso un regalo que, en esta etapa de retiro, puedas recorrer ese sendero con calma, empapándote de todo lo que guarda?

Tal vez antes, cuando la vida era más ajetreada, tu tiempo con la Biblia era corto y quedaba perdido entre tantas tareas. Ahora puedes darte el gusto de quedarte más rato en un versículo, pensar en lo que significa y dejar que sus palabras lleguen hondo a tu corazón. La Biblia es mucho más que un libro antiguo o un reglamento; es una charla viva y cercana con Dios. Ahí encontramos Su sabiduría para decidir, Su consuelo cuando tenemos dudas y esas promesas firmes que nos iluminan incluso en los días difíciles.

Piensa en Su Palabra como esa lámpara de la que habla el salmista. Ahora que te toca recorrer este nuevo tramo del retiro, con todo lo bueno y también con las preguntas, la Escritura puede iluminar cada paso, evitarte tropiezos y mostrarte el mejor camino. En esas páginas conocemos mejor a Dios, entendemos más Su corazón y recibimos el ánimo que nuestra alma necesita. Ojalá puedas redescubrir el gusto de leer sin prisas, dejando que Su luz te acompañe.

Reflexiona y aplícalo: ¿Cuándo podrías regalarte esta semana un rato tranquilo para encontrarte con la Palabra de Dios? ¿Hay alguna parte de tu vida, o alguna decisión que debas tomar, que necesite la luz y la claridad que solo Su Palabra da?

Oración: *Padre celestial, gracias por el regalo tan grande de Tu Palabra, lámpara para mis pies y luz en mi camino. Renueva en mí el deseo y el amor por las Escrituras. Al leer, abre mi corazón para entender lo que dices y para que tus palabras me llenen de consuelo, de dirección y de luz cada día en esta etapa de mi vida. Amén.*

12. Una Conversación que No Termina: El Poder de Orar de Forma Constante

Estén siempre alegres, oren sin cesar, den gracias a Dios en toda situación, porque esta es su voluntad para ustedes en Cristo Jesús.
–1 Tesalonicenses 5:16–18

¿Has tenido alguna vez ese amigo con quien puedes retomar la conversación justo donde la dejaron, sin importar cuánto tiempo haya pasado? Así es como Dios quiere que sea nuestra relación con Él: una charla que fluye, que no necesita despedidas, que puede continuar en cualquier momento del día. Cuando Pablo nos anima a "orar sin cesar", no está diciendo que pasemos todo el día de rodillas. Más bien, nos invita a tener un corazón que, naturalmente, se vuelve hacia Dios en medio de lo cotidiano.

Hay algo poderoso en esa conexión constante. Nos mantiene cerca de Él, atentos a Su presencia, abiertos a Su guía. En esos momentos tranquilos podemos contarle nuestras alegrías, preocupaciones, sueños y dudas. Es increíble pensar que el Creador del universo quiere tener ese tipo de conversación íntima y continua con nosotros. Qué consuelo saber que siempre está disponible, escuchando, listo para responder con amor.

Reflexiona y aplícalo: En esta etapa de tu vida, ¿cómo se ve para ti eso de "orar sin cesar"? ¿Hay alguien, alguna situación o algo personal que sientas que Dios te está poniendo en el corazón para orar con mayor constancia esta semana?

Oración: *Señor, enséñame a vivir en oración constante, con un corazón que se vuelve a Ti de forma natural. Gracias por el privilegio de conversar contigo sin interrupciones. Que me alegre en Tu presencia, dé gracias en todo momento y encuentre fuerza y consuelo en nuestra comunión diaria. Ayúdame a perseverar en la oración, confiando en Tu poder y Tu amor. Amén.*

13. Sintonizar el Corazón: Aprender a Reconocer la Voz de Dios

Mis ovejas oyen mi voz; yo las conozco, y ellas me siguen.
–Juan 10:27

Uno de los anhelos más profundos del corazón humano es sentir que alguien te conoce de verdad y te habla con ternura. Jesús, nuestro Buen Pastor, nos asegura que Sus ovejas oyen Su voz, que Él nos conoce íntimamente y nos llama a seguirle. Pero en medio de tanto ruido y tantas voces que compiten por nuestra atención, ¿cómo aprendemos a reconocer esos susurros suaves que vienen de Él?

Esta etapa de retiro, con días más tranquilos y menos apuros, puede ser una gran oportunidad para practicar ese arte de escuchar con atención. Dios nos habla de muchas formas: a través de las verdades eternas de Su Palabra, la belleza de Su creación, el consejo sabio de otros creyentes, las circunstancias que Él permite... y muchas veces, por medio de esa voz suave que toca directamente el corazón. Lo más importante es aprender a prestar atención y crear momentos de silencio donde Su voz pueda escucharse con más claridad, y así entender mejor lo que nos quiere decir.

Escuchar a Dios se parece a sintonizar una radio antigua, una de esas a las que hay que moverles el dial con paciencia, filtrar el ruido de fondo y esperar a que la señal se escuche clara. En la vida, eso se traduce en gestos sencillos como apagar el televisor, dejar el celular a un lado y regalarle a Dios unos minutos de quietud. También significa leer Su Palabra con un corazón dispuesto, preguntando: "Señor, ¿qué me estás diciendo a través de esto?". Con el tiempo, al practicar este arte de afinar el oído espiritual, vamos reconociendo Su forma única de hablarnos y aprendemos a distinguir Su paz, Su sabiduría y Su guía amorosa.

Reflexiona y aplícalo: ¿Qué cosas te distraen a diario y hacen más difícil escuchar la voz de Dios? ¿Y si esta semana hicieras solo un pequeño cambio? Podrías apartar unos minutos de silencio, pedirle que te hable al corazón y practicar el arte de afinar el oído espiritual.

Oración: *Buen Pastor, gracias por conocerme y por hablarme. Por favor, dame oídos atentos y un corazón sensible para reconocer Tu voz entre todas las que compiten por mi atención. Ayúdame a silenciar el ruido que hay a mi alrededor y dentro de mí, para poder escuchar con claridad Tu guía suave. Concédeme el valor y la disposición para seguirte dondequiera que me lleves. Amén.*

14. Esperanza Firme: Elegir la Fe por Encima del Temor

Así que no temas, porque yo estoy contigo; no te angusties, porque yo soy tu Dios. Te fortaleceré y te ayudaré; te sostendré con la diestra de mi justicia.

–Isaías 41:10

Querida amiga, es normal que en ciertos momentos sintamos miedo o ansiedad. Cuando entramos en una nueva etapa —como el retiro—, pueden aparecer dudas sobre la salud, el futuro o incluso sobre cómo encontrar un nuevo sentido de propósito. Y justo ahí, en medio de esas preguntas, la Palabra de Dios nos ofrece algo firme a lo que aferrarnos: Su presencia constante y Sus promesas fieles. Eso es lo que nos permite elegir la fe por encima del temor.

El profeta Isaías nos comparte un mensaje que viene directo del corazón de Dios: "No temas, porque yo estoy contigo; no te angusties, porque yo soy tu Dios". Qué alivio tan profundo. Dios no solo nos dice que no tengamos miedo... nos explica por qué: porque Él está con nosotras. Porque Él es nuestro Dios. Y como si eso no fuera suficiente, también promete fortalecernos, ayudarnos y sostenernos con Su mano fuerte y amorosa.

Elegir la fe por encima del temor no significa que nunca vayamos a sentir miedo. Significa que, cuando esos sentimientos aparecen, tomamos la decisión consciente de volver la mirada hacia Dios, recordando quién es Él y lo que ha prometido. A veces eso implica declarar en voz alta verdades como esta del versículo de Isaías, meditar en Su fidelidad a lo largo de nuestra vida o redirigir nuestros pensamientos: en vez de quedarnos atrapadas en escenarios inciertos, elegimos afirmar con convicción lo que sabemos de Él. Esta elección activa —de confiar en Dios y apoyarnos en Su fuerza en lugar de la nuestra— debilita el poder del miedo y nos llena de Su paz. Su diestra victoriosa es un lugar firme y seguro donde podemos ser sostenidas.

Reflexiona y aplícalo: ¿Hay algún temor o ansiedad que suele ocupar tus pensamientos o causar pesar en tu corazón en esta etapa? ¿Y si esta semana eliges aplicar la promesa de Isaías 41:10 a esa preocupación específica y haces el esfuerzo consciente de abrazar la fe?

Oración: *Dios todopoderoso, gracias porque siempre estás conmigo y porque eres mi Dios. Cuando el miedo o la angustia quieran apoderarse de mí, ayúdame a recordar Tu promesa: que me vas a fortalecer, ayudar y sostener con Tu diestra victoriosa. Dame el valor para elegir la fe por encima del temor, y lléname con Tu paz perfecta, esa que sobrepasa todo entendimiento. Amén.*

15. El Viaje Hacia el Interior: Crecer Cada Vez Más Estando Cerca de Él

Acérquense a Dios, y él se acercará a ustedes.
–Santiago 4:8

Si tuviéramos que resumir todo nuestro caminar en la fe hasta llegar a su núcleo más profundo y significativo, seguramente sería este: una relación cada vez más íntima con Dios mismo. Y qué invitación tan hermosa y directa nos hace el apóstol Santiago: "Acérquense a Dios, y él se acercará a ustedes". No hay condiciones difíciles ni barreras imposibles. Él simplemente nos llama a acercarnos... y nos da la firme seguridad de que, al hacerlo, Él también se acercará.

Esta etapa de retiro, querida amiga, puede convertirse en un tiempo especialmente valioso para profundizar en tu relación con el Señor. Tal vez ahora cuentas con más momentos de silencio, menos distracciones urgentes que antes llenaban tus días y una vida llena de experiencias que le dan nueva profundidad a tu comprensión de Su fidelidad. Todo eso es parte de lo que ahora puedes entregarle con amor: tu tiempo, tu silencio, tu historia... para estar con Él, buscarlo y dejar que Su presencia transforme tu vida.

Acercarse a Dios puede tomar muchas formas. A veces es pasar tiempo en Su Palabra sin apuro, dejando que sus verdades se asienten en lo más profundo del espíritu. Otras veces, es entregarse a la oración, sin reservas, compartiendo el corazón con honestidad. También puede ser adorarlo desde lo más íntimo, o simplemente contemplar en silencio la belleza de Su creación. El "cómo" importa menos que el "quién": lo esencial es ese giro intencional del corazón hacia Él. Y cada vez que das ese paso —aunque parezca pequeño— puedes descansar en la certeza de Su promesa: Él se acercará a ti. Qué gozo tan profundo y duradero es vivir en busca de Su cercanía.

Reflexiona y aplícalo: ¿Qué significa para ti, en lo personal, "acercarte a Dios"? ¿Hay algún gesto concreto —por más sencillo o breve que sea— que puedas hacer esta semana para buscarlo con intención, confiando en Su promesa de que Él te encontrará ahí?

Oración: *Padre amado, Tú eres quien da sentido a mi corazón. Despierta en mí el deseo constante de acercarme cada día más a Ti. Guíame en los gestos sencillos y las actitudes sinceras que me llevan a Tu presencia. Gracias por Tu maravillosa promesa: cuando me acerco a Ti, Tú también te acercas a mí. Permíteme experimentar hoy la alegría profunda de Tu cercanía. Amén.*

Capítulo 4

Encuentra la Alegría en el Día a Día

16. Lo Dulce de lo Simple: La Felicidad de los Detalles de la Vida

Yo sé que nada hay mejor para el hombre que alegrarse y hacer el bien mientras viva; y sé también que es un don de Dios que el hombre coma o beba y disfrute de todos sus afanes.

–Eclesiastés 3:12-13

Después de mucho buscar y reflexionar, el autor de Eclesiastés descubrió algo profundo y sencillo a la vez: encontrar satisfacción en la vida diaria —en los actos simples de comer, beber y disfrutar del trabajo (sea cual sea ahora ese trabajo)— es, en verdad, un regalo de Dios.

Esta etapa de retiro puede invitarte naturalmente a bajar el ritmo y notar con más claridad esas pequeñas maravillas que antes pasaban desapercibidas en medio del ajetreo. Piensa en la comodidad de tu sillón favorito, el aroma del café recién hecho por la mañana, el canto alegre de un pajarito en la ventana o el calor suave de un rayo de sol. No son simples detalles sin importancia; son pequeños gestos de Dios, reales y cercanos, que muestran Su cuidado y cuánto desea que vivas con contentamiento.

Reflexiona y aplícalo: Haz una pausa y piensa en cómo ha sido tu día, o en algún momento de ayer que recuerdes con cariño. ¿Hubo algún detalle sencillo que te haya sacado una sonrisa despreocupada o una sensación de calidez en el corazón? Tómate un momento para agradecerle a Dios por ese pequeño y dulce regalo.

Oración: *Señor amado, gracias por el regalo de las alegrías simples que esparces con tanta generosidad a lo largo de mis días. Abre mis ojos para verlas y mi corazón para apreciarlas de verdad. Ayúdame a encontrar una satisfacción profunda en las bendiciones cotidianas, reconociendo en cada una muestra de Tu amor y de Tu cuidado por mí. Que siempre pueda encontrar alegría en la dulzura de lo simple. Amén.*

17. Cuando el Sol Aparece Sin Aviso: Abrazar lo que No Esperábamos

Toda buena dádiva y toda perfecta bendición descienden de lo alto, donde está el Padre que creó las lumbreras celestes, y quien no cambia ni se mueve como las sombras.

–Santiago 1:17

La vida tiene una forma maravillosa de sorprendernos, ¿verdad? Justo cuando creemos tener el día organizado, puede aparecer algo inesperado: un rayo de sol en medio de las nubes, una llamada imprevista de una amiga que alegra el corazón o un gesto amable de alguien que no conocemos. Son momentos que nos hacen sonreír, bendiciones inesperadas que nos recuerdan la bondad de Dios, como lo expresa Santiago: "Toda buena dádiva y toda perfecta bendición descienden de lo alto."

Esta etapa de retiro, quizás con más espacio en tu rutina, puede ser un tiempo precioso para empezar a notar con más claridad esas pequeñas sorpresas que Dios te envía. Cuando vivimos el día con un corazón abierto y esperanzado, sin una lista de exigencias, es mucho más fácil reconocer esos regalos y recibirlos con alegría. Cada bendición inesperada, por pequeña que sea, es como un susurro de nuestro Padre amoroso, una señal de que está cerca y atento a los detalles de nuestra vida.

Reflexiona y aplícalo: ¿Puedes recordar alguna bendición inesperada o un pequeño momento que te haya sorprendido y alegrado el día recientemente? ¿Cómo te hizo sentir ese instante? ¿Te recordó, quizás, la presencia constante, amorosa e inmutable de Dios?

Oración: *Padre lleno de luz, gracias por cada regalo bueno y perfecto que viene de Ti. Ayúdame a tener un corazón abierto, dispuesto a recibir y disfrutar las bendiciones inesperadas que vas dejando en mi camino. Que cada sorpresa me recuerde Tu amor constante y Tu generosidad sin medida. Gracias por alegrar mis días con Tu luz. Amén.*

18. La Creación Habla: Alegría al Ver Sus Huellas

Los cielos cuentan la gloria de Dios; el firmamento proclama la obra de sus manos.

–Salmo 19:1

¿Hay algo que se compare con salir al aire libre y sentir el abrazo de la creación de Dios, amiga mía? Ya sea la majestuosidad de un cielo estrellado, la delicadeza de una flor, el ritmo sereno de las olas del mar o la quietud de un sendero entre árboles, la naturaleza tiene una forma profunda de hablarnos al alma y de mostrar la gloria de su Creador.

El salmista lo expresó con tanta claridad: los cielos y el firmamento —en realidad, toda la creación— proclaman sin descanso la obra maravillosa de las manos de Dios. Es como una galería de arte viva, que revela Su creatividad infinita, Su atención minuciosa a cada detalle, Su poder y Su ternura. Y cuando nos tomamos el tiempo para observar de verdad el mundo natural que nos rodea —los colores vibrantes de un atardecer, la fuerza de una pequeña planta que brota entre el cemento o la armonía compleja de un ecosistema— estamos, en esencia, viendo las huellas de Dios.

Reflexiona y aplícalo: ¿En qué lugar de la naturaleza sientes con más claridad la presencia de Dios o ves reflejada Su gloria? Intenta apartar unos momentos esta semana para estar en ese entorno o, simplemente, para observar con nuevos ojos el mundo natural que te rodea. Busca Sus huellas y deja que eso llene tu corazón de alegría.

Oración: *Dios creador, gracias por la belleza impresionante y el asombro que hay en Tu creación. Desde la inmensidad del universo hasta el pétalo más pequeño, Tu gloria está presente en todo. Abre mis ojos para ver Tus huellas en la naturaleza y llena mi corazón de alegría y reverencia ante Tu obra magnífica. Que cada momento en medio de Tu creación me acerque más a Ti. Amén.*

19. Un Corazón Alegre: El Regalo Divino de la Risa

El corazón alegre es un buen remedio, pero el ánimo decaído seca los huesos.

–Proverbios 17:22

¡Ah, el sonido maravilloso y lleno de vida de la risa! ¿No es cierto, amiga mía, que una buena carcajada puede sentirse como un rayo de sol en medio de un día nublado? De inmediato levanta el ánimo y aligera las cargas. La sabiduría de Proverbios lo dice con claridad: "El corazón alegre es una buena medicina", y es verdad —la risa tiene una forma especial de calmar el alma, aliviar tensiones y recordarnos que no siempre hay que tomarse la vida, ni a una misma, tan en serio.

Yo realmente creo que Dios tiene un sentido del humor maravilloso y que se alegra con nuestra alegría. Nos creó con la capacidad de reír, de ser ligeras, de disfrutar el simple placer de compartir una buena risa con las personas que amamos. Piensa en esos momentos en que una historia divertida, un comentario ingenioso o incluso una situación absurda te ha hecho reír hasta las lágrimas. Esos instantes son regalos preciosos —pequeños bolsillos de gracia que refrescan el espíritu y nos acercan más unos a otros. Tener un corazón alegre no significa ignorar las dificultades de la vida, pero sí implica llevar por dentro una corriente constante de gozo y esperanza, que nace de la bondad de Dios.

Reflexiona y aplícalo: ¿Recuerdas la última vez que reíste a carcajadas, de esas risas que te sacuden el cuerpo y te llenan de vida? ¿Qué lo provocó? Esta semana, busca un momento así: llama a esa amiga que siempre te hace reír o mira algo que te saque una sonrisa sin esfuerzo.

Oración: *Señor, gracias por el regalo increíble de la risa y por la alegría que trae un corazón dichoso. Ayúdame a encontrar humor en lo cotidiano, a compartir momentos ligeros con quienes amo y a recordar siempre que un espíritu alegre es buena medicina para el alma. Llena mis días de motivos para sonreír y reír, reflejando Tu propia naturaleza gozosa. Amén.*

20. El Santuario del Silencio: Alegría en los Momentos de Quietud

Quédense quietos, reconozcan que yo soy Dios.
–Salmo 46:10

En este mundo tan ruidoso y acelerado, la invitación a "estar quietas" puede parecer casi radical, ¿no es cierto? Y sin embargo, dentro de ese pequeño susurro del Salmo hay una forma muy especial de encontrar paz —y una alegría única—, la que nace de conocer verdaderamente a Dios cuando todo a nuestro alrededor deja de moverse. Esta etapa de retiro puede regalarte más momentos de silencio, pausas preciosas que pueden convertirse en espacios sagrados para entrar en contacto con Él.

Para muchas de nosotras, la actividad constante ha sido compañera de toda la vida. Por eso, el cambio hacia un ritmo más tranquilo puede resultar extraño —incluso un poco inquietante al principio. Pero ¿y si viéramos esos momentos de quietud no como tiempo vacío que hay que llenar, sino como invitaciones a entrar en una dimensión más profunda de nuestra relación con Dios? Cuando decidimos aquietar el ruido externo —y también la inquietud interna—, creamos espacio para escuchar Sus susurros, sentir Su presencia reconfortante y simplemente descansar en la certeza de que Él es Dios: soberano y lleno de amor.

La alegría que nace del silencio no tiene que ver con dejar la mente en blanco, sino con tener un corazón dispuesto a escuchar. Esa alegría puede aparecer en la quietud de la mañana, cuando todo está en calma; otras veces, en un rato mirando por la ventana o en una pausa intencional durante la tarde. Y es justo ahí —cuando dejamos de apurarnos y simplemente estamos con Él— que Su presencia se manifiesta en lo profundo del ser, trayendo paz y una alegría serena que refresca el alma.

Reflexiona y aplícalo: ¿Cómo sueles reaccionar cuando aparece un momento de silencio en tu día? ¿Te resulta reconfortante o incómodo? Esta semana, intenta regalarte entre cinco y diez minutos de verdadera quietud. Apaga todo lo que distraiga, busca un rincón tranquilo, siéntate con calma... y simplemente invita a Dios a acompañarte en ese silencio.

Oración: *Señor amado, enséñame la sabiduría profunda de detenerme y reconocer que Tú eres Dios. Ayúdame a recibir los momentos de silencio como oportunidades sagradas para acercarme a Ti. Calma mi corazón y mi mente para que pueda encontrar Tu paz y escuchar Tu voz suave en medio del silencio. Así descubriré la alegría profunda y duradera que nace de descansar en Tu presencia. Amén.*

21. Reflejos de Su Luz: Alegría en los Momentos Compartidos

Pero si vivimos en la luz, así como él está en la luz, tenemos comunión unos con otros y la sangre de su Hijo Jesucristo nos limpia de todo pecado.

—1 Juan 1:7

Dios, en Su infinita sabiduría, no nos creó para vivir aisladas, sino para relacionarnos, para compartir la vida en comunión. Hay una alegría muy especial, ¿verdad?, que nace de los momentos compartidos con quienes amamos —la familia, las amigas, las hermanas en la fe. El apóstol Juan habla de vivir en la luz, y una consecuencia hermosa de eso es que "tenemos comunión unos con otros". Esa comunión es un reflejo radiante del amor y la luz de Dios en nuestras vidas.

Esta etapa de retiro puede abrir nuevas oportunidades —y quizás más tiempo disponible— para invertir en esas relaciones que nutren el alma. Tal vez sea el momento de retomar contacto con una amiga de años, pasar tiempo de calidad con la familia, integrarte a un nuevo grupo en la iglesia o simplemente ser una buena vecina. Cuando caminamos en Su luz y buscamos ser Sus manos y Sus pies para quienes nos rodean, la alegría que nace de esos momentos compartidos no solo enriquece nuestra vida, sino que también refleja Su luz en un mundo que tanto la necesita.

Reflexiona y aplícalo: ¿Has vivido últimamente un momento compartido que te haya traído alegría o sentido de conexión? ¿Qué parte de ese encuentro reflejaba la presencia de Dios? Esta semana, elige a alguien con quien puedas compartir un rato significativo —una llamada, una visita, una palabra que anime.

Oración: *Señor amado, gracias por habernos creado para vivir en comunión y por la alegría profunda que nace del encuentro genuino con los demás. Ayúdame a caminar en Tu luz para que mis relaciones estén llenas de sentido y propósito. Guíame al cuidar mis vínculos, y que cada encuentro esté lleno de Tu amor, Tu gracia y Tu luz, trayendo alegría tanto a mi vida como a la de quienes me rodean. Amén.*

Capítulo 5

Relaciones que Nutren

22. Vínculos Familiares: Construir con Amor y Gracia

De modo que se toleren unos a otros y se perdonen si alguno tiene queja contra otro. Así como el Señor los perdonó, perdonen también ustedes. Por encima de todo, vístanse de amor, que es el vínculo perfecto.

–Colosenses 3:13-14

La familia es uno de los regalos más preciosos —y más complejos— que Dios nos ha dado. Es una mezcla hermosa de historia compartida, amor profundo... y a veces, algunos nudos que cuesta desenredar. El apóstol Pablo, en su carta a los colosenses, nos ofrece una sabiduría práctica y profunda para cuidar estos vínculos esenciales: ser pacientes unos con otros, perdonar con generosidad y, sobre todo, vestirnos de amor —ese lazo perfecto que nos mantiene unidos.

Esta etapa de retiro puede abrir nuevas oportunidades para invertir tiempo en tus relaciones familiares. Quizás ahora puedes compartir más momentos con hijos y nietos, crear nuevas memorias y tradiciones que perduren en el corazón. Tal vez sea el momento de reconectar con hermanas, hermanos u otros parientes, fortaleciendo esos lazos que han acompañado tu vida. Sea cual sea la dinámica, el consejo de Pablo sigue siendo clave: practicar la paciencia ("toleren") y extender el perdón ("así como el Señor los perdonó"). No siempre es fácil, claro que no, pero qué importante es para mantener la paz y seguir cerca unos de otros.

Y luego está el amor —esa virtud que lo envuelve todo y lo sostiene. No hablamos de un amor cualquiera, sino del amor activo, incondicional, el ágape que Dios derrama sobre nosotras... y que nos invita a compartir con quienes nos rodean. Es un amor que celebra las alegrías, acompaña en los momentos difíciles y siempre busca el bien del otro. Al cultivar tus vínculos familiares, que tus gestos estén llenos de paciencia, perdón y, sobre todo, de ese amor que permanece.

Reflexiona y aplícalo: ¿Hay alguna relación familiar que sientas que Dios te está invitando a cuidar con más intención esta semana? Piensa en lo que dice Colosenses 3:13–14. ¿Qué gesto simple —de amor, paciencia o perdón— podrías ofrecer en ese vínculo?

Oración: *Padre celestial, gracias por el regalo precioso de la familia. Concédeme sabiduría, gracia y un corazón lleno de Tu amor mientras busco cuidar estos lazos tan importantes. Ayúdame a perdonar con rapidez, a comprender con paciencia y a expresar mi cariño con generosidad. Que Tu amor nos mantenga unidos en una comunión cada vez más profunda y llena de paz. Amén.*

23. Almas Afines: El Tesoro de la Verdadera Amistad

En todo tiempo ama el amigo; para ayudar en la adversidad nació el hermano.
–Proverbios 17:17

Hay una calidez única e irreemplazable que nace de la verdadera amistad, ¿no es cierto? Las almas afines caminan a nuestro lado, comparten nuestras risas, comprenden nuestro corazón y nos sostienen cuando el camino se vuelve cuesta arriba. La sabiduría de Proverbios lo expresa con belleza: "En todo tiempo ama el amigo". Qué manera tan poderosa de describir esa amistad real que permanece firme, sin dejarse llevar por los vientos del cambio.

A lo largo de la vida, vamos encontrando amistades en distintas etapas: en la infancia, en el trabajo, en nuestro vecindario, en la fe. Algunas amistades duran toda la vida; otras son regalos para una temporada específica. Pero cada una aporta color, profundidad y alegría a nuestro recorrido. Esta etapa de retiro puede ser una oportunidad preciosa para valorar las amistades que ya tenemos... y quizás para cultivar nuevas. Con horarios más flexibles, puede haber espacio para actividades compartidas, conversaciones sin prisa o simplemente brindar compañía sincera.

Reflexiona y aplícalo: Piensa en una amistad que haya sido una bendición especial en tu vida, alguien que realmente te haya querido "en todo momento". ¿Cómo podrías acercarte esta semana para valorar o reanimar esa amistad? Tal vez con una llamada, una nota escrita a mano o una invitación para compartir.

Oración: *Señor amado, gracias por el regalo increíble de la amistad. Estoy profundamente agradecida por esas almas afines que has puesto en mi camino, que me aman, me apoyan y comparten la jornada conmigo. Ayúdame a ser una amiga verdadera y fiel, que entregue amor en todo momento y ofrezca fortaleza ante la adversidad. Que mis amistades reflejen siempre Tu gracia y Tu compañía. Amén.*

24. Regalos del Cielo: Ponerlos al Servicio de Otros

Cada uno ponga al servicio de los demás el don que haya recibido, administrando bien la gracia de Dios en sus diversas formas.
–1 Pedro 4:10

Cada una de nosotras, querida amiga, ha recibido dones únicos de parte de Dios. Tenemos talentos distintos, experiencias vividas y un corazón dispuesto a cuidar —todo eso son formas en que Su maravillosa "gracia en sus diversas manifestaciones" se hace presente en nosotras. Y lo más hermoso es que estos dones no fueron dados solo para nuestro disfrute personal, sino para compartirlos y ponerlos al servicio de otros, convirtiéndonos en canales de Su bendición en el mundo. Como nos anima Pedro, estamos llamadas a ser "buenas administradoras" de estos regalos divinos.

Lo hermoso de ser bendición para otros es que muchas veces también nos bendice a nosotras. Nos llena de propósito, de conexión y de esa alegría que viene al mirar más allá de una misma y preguntarse: "¿Cómo puedo usar lo que Dios me ha dado para marcar una diferencia en la vida de alguien hoy?" No importa si es un gesto grande o una acción sencilla: cuando servimos con fidelidad, reflejamos Su amor y llevamos luz al mundo.

Reflexiona y aplícalo: Piensa en los dones, talentos o experiencias únicas que Dios te ha confiado. ¿Cómo podrías usar uno de ellos esta semana para servir o bendecir a alguien más? Ora para que Dios abra tus ojos a una oportunidad concreta en la que puedas ser una administradora fiel de Su gracia.

Oración: *Dios bondadoso, gracias por los dones y talentos únicos que me has dado. Ayúdame a ser una administradora fiel de Tu gracia en todas sus formas. Muéstrame oportunidades esta semana, y en los días que vienen, para usar lo que me has confiado en servicio a otros y ser bendición en sus vidas. Que mi vida sea un reflejo constante de Tu amor y Tu bondad. Amén.*

25. Mejor Juntos: La Fuerza de la Comunidad y la Conexión

Preocupémonos los unos por los otros, a fin de estimularnos al amor y a las buenas obras. No dejemos de congregarnos, como acostumbran a hacer algunos, sino animémonos unos a otros, y con mayor razón ahora que vemos que aquel día se acerca.
–Hebreos 10:24-25

Hay un dicho que dice: "Muchas manos hacen el trabajo más liviano", y tiene razón. Cuando estamos juntos, todo se siente más llevadero. Dios nos pensó para vivir en comunidad, para compartir la fe y los valores con otras personas que nos sostienen y nos inspiran. En Hebreos se nos anima a no dejar de reunirnos, sino a buscar formas de alentarnos mutuamente, de crecer en amor, en buenas obras y en vida espiritual.

Esto se nota aún más en nuestro caminar de fe. Ser parte de una comunidad viva —una iglesia, un grupo pequeño o un círculo de amigas cristianas de confianza— nos sostiene de verdad. En esos espacios compartimos alegrías y cargas, aprendemos unas de otras, nos corregimos con cariño y encontramos inspiración para vivir más cerca de Cristo. Ese compañerismo nos ayuda a mantenernos firmes y a crecer en Su gracia.

En esta etapa de retiro, es normal que los círculos sociales cambien. Por eso, buscar comunidades que nos sostengan y nos animen se vuelve aún más valioso. Es en esos espacios donde sentimos que pertenecemos, seguimos usando los dones que Dios nos dio y recibimos el aliento necesario para seguir adelante. No son solo momentos agradables: son esenciales para nuestra salud espiritual, porque nos ayudan a vivir la fe con más gozo mientras esperamos "aquel Día que se acerca".

Reflexiona y aplícalo: ¿En qué comunidades —ya sea tu iglesia, un grupo de estudio bíblico, un voluntariado o un círculo de amigas— encuentras hoy fortaleza, conexión y ánimo? ¿Cómo podrías participar más activamente o animar a alguien de una de esas comunidades esta semana?

Oración: *Señor, gracias por el regalo de la comunidad y por la fuerza y el ánimo que encontramos al reunirnos como hijas tuyas. Ayúdame a ser una integrante activa y animadora en las comunidades donde me has puesto. Que siempre nos impulsemos mutuamente al amor y a las buenas obras, edificándonos en la fe y en el compañerismo. Amén.*

26. Amor en Movimiento: Vivir Nuestra Fe a través de las Acciones

Queridos hijos, no amemos de palabra ni de labios para afuera, sino con hechos y de verdad.

–1 Juan 3:18

Las palabras de amor y aliento son hermosas y necesarias, querida amiga, pero el apóstol Juan nos recuerda una dimensión aún más profunda de la fe: demostrar ese amor "con hechos y de verdad". Nuestra fe en Jesucristo no es algo pasivo, sino una realidad viva que transforma la manera en que nos relacionamos con el mundo y nos impulsa a servir a quienes nos rodean de forma concreta.

Piensa en la vida de Jesús: fue una demostración constante de amor en acción. Sanó a los enfermos, alimentó a los hambrientos, consoló a los que sufrían y se acercó a quienes estaban al margen. Nos mostró que el amor verdadero es activo, compasivo y dispuesto a responder a las necesidades de los demás. Como sus seguidoras, estamos llamadas a seguir Su ejemplo y dejar que nuestra fe se exprese en gestos prácticos de bondad, servicio y misericordia.

Reflexiona y aplícalo: Piensa en las personas y necesidades que te rodean. ¿Cuál sería una forma concreta y sencilla de poner tu amor en acción esta semana, demostrando la verdad de Dios a través de un gesto, por pequeño que parezca?

Oración: *Padre celestial, llena mi corazón con Tu amor compasivo y dame el deseo y el valor para expresarlo no solo con palabras, sino con acciones concretas y verdaderas. Muéstrame esta semana maneras prácticas de vivir mi fe, de ser Tus manos y Tus pies en el mundo, y de atender las necesidades de quienes me rodean. Que mi vida sea un testimonio de Tu amor activo e inagotable. Amén.*

Capítulo 6

Sabiduría Para el Camino

27. La Brújula que no Falla: Buscar Su Guía Cada Día

Si a alguno de ustedes le falta sabiduría, pídasela a Dios y él se la dará, pues Dios da a todos generosamente sin menospreciar a nadie.
–Santiago 1:5

Esta etapa de retiro, como cualquier otra, conlleva decisiones grandes y pequeñas. Tal vez estás pensando en cómo aprovechar mejor tu tiempo, administrar tus recursos con sabiduría o navegar por nuevas oportunidades y relaciones. En todos esos momentos, Santiago nos ofrece un consejo directo y alentador: si nos falta sabiduría, ¡se la pedimos a Dios!

Lo hermoso de este versículo es lo que revela del carácter de Dios. Él da "generosamente a todos sin menospreciar a nadie". No se guarda nada, no nos juzga por no tener todas las respuestas. Al contrario, tiene una disposición abierta y generosa para dar. No solo tenemos que depender de nuestra experiencia o entendimiento, que a veces puede sentirse limitado o incierto, sino que también podemos acudir directamente a la fuente de toda sabiduría verdadera, con la certeza de que Él nos responderá con generosidad.

En esta etapa de retiro, buscar la guía de Dios puede convertirse en un hábito lleno de paz. A veces basta con una oración suave al despertar antes de comenzar el día, una pausa para buscar Su orientación antes de decidir algo, o ese momento en que abrimos la Biblia con preguntas en el corazón. Lo importante es pedir con humildad, reconociendo que necesitamos Su ayuda para saber por dónde ir. Y la promesa es clara: cuando pedimos, Él responde. Qué bendición llevar esa certeza en el corazón cada día.

Reflexiona y aplícalo: ¿Hay alguna decisión, situación o área de tu vida esta semana en la que sientas que necesitas la sabiduría de Dios? Tómate un momento específico hoy para pedirle guía, confiando en Su promesa de dar generosamente y sin reproche.

Oración: *Señor amado, Tú eres la fuente de toda sabiduría, y te doy gracias por Tu corazón generoso. Hoy te pido dirección en las decisiones que tengo por delante y la sabiduría para vivir esta etapa de mi vida según Tu voluntad perfecta. Ayúdame a buscar siempre Tu guía primero, confiando en que Tú iluminarás mi camino. Amén.*

28. Más Allá de lo que Vemos: Confiar en la Sabiduría Perfecta de Dios

"Porque mis pensamientos no son los de ustedes ni sus caminos son los míos", afirma el Señor. "Mis caminos y mis pensamientos son más altos que los de ustedes; ¡más altos que los cielos sobre la tierra!"

–Isaías 55:8-9

El camino de la vida muchas veces da giros inesperados, ¿verdad? Hay momentos en que las circunstancias nos confunden, los planes de Dios parecen poco claros o las cosas no se desarrollan como las habíamos imaginado. En esos momentos, cuando nuestro entendimiento no alcanza, las palabras de Isaías nos ofrecen una verdad profunda y un consuelo real: los pensamientos y caminos de Dios son mucho más altos, mucho más amplios, que los nuestros.

Es una verdad que nos lleva a rendirnos con humildad, pero también nos libera profundamente. No tenemos que cargar con el peso de entenderlo todo. Esta etapa de retiro puede traer paisajes nuevos: desafíos inesperados o bendiciones que se ven distintas de lo que imaginábamos. Y cuando nos sentimos tentadas a cuestionar o a angustiarnos porque no vemos el panorama completo, podemos descansar con confianza: Su sabiduría perfecta lo abarca todo, incluso aquello que no alcanzamos a ver.

Él ve el final desde el principio, y aunque Sus planes a veces nos resulten misteriosos, siempre nacen de Su amor infinito y Su bondad.

Reflexiona y aplícalo: ¿Hay alguna área de tu vida o una situación concreta en este momento en la que te resulte difícil comprender los caminos de Dios o ver con claridad Su plan? ¿Cómo podría ayudarte esta semana a reflexionar sobre la altura infinita de Sus pensamientos y Su historial de fidelidad en tu vida para confiar más profundamente en Su sabiduría?

Oración: *Señor soberano, Tus pensamientos son, en verdad, más altos que los míos, y Tus caminos van más allá de lo que puedo comprender. Cuando me enfrento a la incertidumbre o la confusión, ayúdame a soltar mi necesidad de entenderlo todo y a descansar en la verdad de Tu sabiduría perfecta y Tu amor inagotable. Concédeme la gracia de confiar plenamente en Ti, sabiendo que Tus planes siempre buscan mi bien eterno. Amén.*

29. Tesoros en el Camino: Valorar las Lecciones Aprendidas

Recuerda los días de antaño; considera las generaciones pasadas.
Pídele a tu padre que te lo diga, y a los jefes que te lo expliquen.
–Deuteronomio 32:7

La vida está hecha de experiencias diversas: momentos de celebración y dificultad, tiempos de crecimiento personal y de reflexión silenciosa. Al llegar a etapas más contemplativas, como el retiro, mirar hacia atrás cobra un significado especial. Nuestra historia personal guarda enseñanzas valiosas y sabiduría ganada con esfuerzo que merece ser reconocida y recordada.

Piensa en los desafíos que has superado, en las oraciones que fueron respondidas de formas inesperadas, en las relaciones que te marcaron y en los momentos en que viste claramente la mano de Dios guiándote. Cada una de esas experiencias —ya hayan sido alegres o difíciles en su momento— ha contribuido a formar la persona que eres hoy, y seguramente te ha dejado lecciones importantes. Dios no desperdicia nada de lo que vivimos; usa cada etapa para enseñarnos, moldear nuestro carácter y acercarnos más a Él.

Reflexiona y aplícalo: Tómate unos minutos para "recordar los días pasados". ¿Cuál es una lección importante que has aprendido en tu camino y por la que hoy te sientes especialmente agradecida? ¿Cómo sigue esa lección influyendo en tu manera de ver la vida o en tus decisiones?

Oración: *Dios fiel, gracias por el recorrido de mi vida y por todas las lecciones —grandes y pequeñas— que me has enseñado en el camino. Ayúdame a recordar Tu fidelidad en las etapas del pasado y a valorar la sabiduría que he recibido en cada experiencia. Que estos tesoros del camino sigan iluminando mi andar y me acerquen cada vez más a Ti. Amén.*

30. Un Legado de Luz: Compartir la Sabiduría que Dios Te ha Dado

A las ancianas, enséñales que sean reverentes en su conducta, y no calumniadoras ni adictas al mucho vino. Deben enseñar lo bueno y aconsejar a las jóvenes a amar a sus esposos y a sus hijos, a ser sensatas y puras, cuidadosas del hogar, bondadosas y sumisas a sus esposos, para que no se hable mal de la palabra de Dios.

–Tito 2:3-5

Querida amiga, la sabiduría que has reunido a lo largo de una vida caminando con el Señor y atravesando tantas etapas es un tesoro precioso, ¡y es un tesoro que merece ser compartido! El apóstol Pablo, en su carta a Tito, nos ofrece una imagen hermosa: mujeres mayores que viven con reverencia y, desde ese carácter piadoso, enseñan y animan a las más jóvenes en los caminos de la fe y de la vida. Esta idea de compartir la sabiduría que hemos recibido es parte esencial del diseño de Dios para que Su familia se apoye mutuamente.

Esta etapa de retiro puede abrir muchas nuevas oportunidades para que seas ese legado de luz. Tu experiencia vivida, tu comprensión de la fidelidad de Dios en medio de pruebas y triunfos, y tus consejos prácticos sobre relaciones, familia y fe...

todo eso tiene un valor inmenso. Ya sea en conversaciones informales, en relaciones de mentoría, liderando un estudio bíblico o simplemente siendo ejemplo de carácter piadoso, tienes mucho que ofrecer. No se trata de tener todas las respuestas, sino de compartir lo que Dios te ha enseñado con amor y humildad.

Imagina lo que puede significar tu presencia para una mujer más joven que atraviesa los desafíos del matrimonio y la maternidad, o lo que puede aportar tu sabiduría tranquila a alguien que enfrenta una situación difícil. Hay una alegría profunda al saber que Dios puede usar tu recorrido para iluminar el de otra persona. Has acumulado una sabiduría valiosa, dada por Dios, y al compartirla con amor y humildad, no solo bendices a otros, sino que también sigues creciendo tú misma en Su gracia.

Reflexiona y aplícalo: Piensa en las personas que forman parte de tu vida: tal vez una familiar más joven, una amiga, alguien de tu iglesia o incluso una vecina. ¿Hay alguien que podría beneficiarse de tu experiencia o de una palabra sabia que Dios te ha dado? Ora para que el Señor abra, esta semana, una oportunidad para compartir o animar a alguien desde el amor.

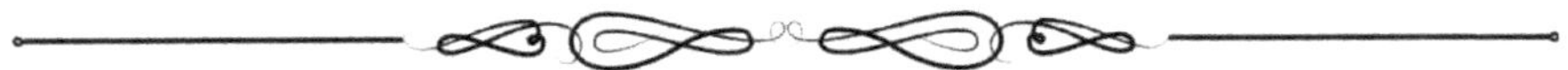

Oración: *Señor bondadoso, gracias por la sabiduría y las experiencias que has sembrado en mi vida. Por favor, dame un corazón abierto y preparado para compartir lo que me has enseñado con otros, especialmente con quienes vienen detrás en el camino. Concédeme Tu*

gracia, humildad y amor mientras busco enseñar lo bueno y animar a otros en su fe. Que mi vida sea un legado de Tu luz. Amén.

31. El Paso Constante: La Sabiduría que Entrega la Paciencia y la Perseverancia

Y corramos con perseverancia la carrera que tenemos por delante. Fijemos la mirada en Jesús, el iniciador y perfeccionador de nuestra fe.
–Hebreos 12:1-2

La vida cristiana, querida amiga, suele describirse como una carrera. No una carrera corta, sino una de largo aliento, que requiere un paso constante, paciencia y una perseverancia firme. Y como bien sabe cualquier corredora experimentada, hay tramos del camino que son suaves y alegres, y otros que son cuesta arriba y exigentes. La manera sabia de recorrer este trayecto es seguir dando un paso tras otro con perseverancia, especialmente cuando atravesamos nuevas etapas o esperamos con paciencia la dirección del Señor.

Esta etapa de retiro, aunque llena de bendiciones, también puede requerir una paciencia y perseverancia muy particulares. Tal vez estás adaptándote a un nuevo ritmo de vida, esperando que Dios te muestre los próximos pasos, o enfrentando desafíos físicos que exigen fortaleza. En todo esto, el autor de Hebreos nos señala el enfoque esencial: "fijar la mirada en Jesús, el iniciador y perfeccionador de nuestra fe". Él ya ha corrido esta carrera, comprende nuestras luchas y nos da la fuerza que necesitamos para seguir adelante.

Perseverar no significa apretar los dientes con resignación, sino avanzar con esperanza, sostenida por la fe en Cristo. Es confiar en que, aunque el progreso parezca lento o la meta se vea lejana, Dios está obrando. La paciencia nos permite descansar en Su tiempo, sabiendo que es perfecto. Y cuando mantenemos la mirada fija en Jesús, Él nos da lo necesario para sostener ese paso constante, enfrentar los desafíos con gracia y seguir creciendo en la fe, paso a paso.

Reflexiona y aplícalo: ¿Hay alguna área de tu vida en la que hoy sientas que necesitas recibir más de la paciencia o de la perseverancia de Dios? ¿Cómo podría ayudarte esta semana a fijar intencionalmente tu mirada en Jesús —quizás al meditar en Su vida, en Sus promesas o en Su fidelidad— para seguir corriendo tu carrera con renovado ánimo y constancia?

Oración: *Señor Jesús, Tú eres el iniciador y perfeccionador de mi fe. Gracias por haber corrido esta carrera antes que yo y por mostrarme el camino. Por favor, concédeme los dones de la paciencia y la perseverancia para recorrer la senda que has trazado para mí. Cuando me sienta cansada, fortaléceme. Ayúdame a mantener la mirada fija en Ti para correr con constancia y terminar bien, todo para Tu gloria. Amén.*

Capítulo 7

Dejar un Legado de Amor

32. Más Valioso que el Oro: Invertir en la Vida de Otras Personas

Mándales que hagan el bien, que sean ricos en buenas obras, generosos y dispuestos a compartir lo que tienen. De este modo, atesorarán para sí un seguro fundamento para el futuro y obtendrán la vida verdadera.
–1 Timoteo 6:18-19

Querida amiga, cuando pensamos en los "tesoros" que acumulamos a lo largo de la vida, es fácil que nuestra mente se incline hacia las posesiones materiales. Pero el apóstol Pablo, en su consejo a Timoteo, nos dirige hacia algo mucho más valioso, algo que realmente perdura: ser ricas en buenas obras, tener un corazón generoso y estar siempre dispuestas a compartir lo que Dios nos ha dado. Estas, dice él, son las inversiones que construyen "un seguro fundamento para el futuro", y nos permiten tomar posesión de "la vida verdadera".

Piensa en la profunda satisfacción que sientes al saber que has marcado positivamente la vida de alguien, aunque haya sido en algo pequeño. Esa es "la vida verdadera": una vida vivida no solo para una misma, sino para el bien de otros y la gloria de Dios.

Reflexiona y aplícalo: ¿En la vida de quién, o en qué área de tu comunidad, sientes que Dios te está invitando a invertir tu tiempo, tus talentos o tus recursos esta semana? ¿Qué buena obra o acto de generosidad podrías ofrecer que contribuya a ese "seguro fundamento" de la vida verdadera?

Oración: *Señor amado, cultiva en mí un corazón que anhele ser rico en buenas obras, generoso en espíritu y siempre dispuesto a compartir lo que Tú me has dado. Ayúdame a ver las oportunidades que me rodean para invertir en la vida de otros y construir tesoros que perduren por la eternidad. Guíame para tomar posesión de la vida verdadera para Tu gloria. Amén.*

33. Palabras que Edifican: El Poder de Alentar con Amor

Eviten toda conversación obscena. Por el contrario, que sus palabras contribuyan a la necesaria edificación y sean de bendición para quienes escuchan.

–Efesios 4:29

Nuestras palabras, querida amiga, tienen un poder increíble, ¿verdad? Pueden herir o sanar; pueden derribar o levantar. El apóstol Pablo nos da una guía clara y hermosa: que nuestra boca sea fuente de bendición, hablando solo lo que edifica, según la necesidad de cada persona, para que nuestras palabras traigan gracia y beneficio a quienes las escuchan. ¡Qué manera tan poderosa de dejar un legado de amor!

Piensa en esos momentos en que una palabra de aliento, un elogio oportuno o una expresión de confianza marcaron la diferencia en tu vida. Tal vez te dieron fuerzas para seguir adelante, te ayudaron a perseverar o incluso cambiaron tu rumbo. Ese es el poder duradero del aliento. Es un regalo que todas podemos ofrecer, sin importar nuestras circunstancias.

Esta etapa de retiro, con más espacio para conversaciones sin prisa y vínculos más profundos, es una oportunidad preciosa para animar con intención. Mira lo bueno en los demás y dilo; afirma sus esfuerzos, recuérdales las fortalezas que Dios les ha dado y ofrece esperanza cuando estén desanimados. A veces, una palabra sencilla y sincera puede ser justo lo que alguien necesita: un rayo de luz que ilumina su día y fortalece su espíritu. ¿No sería hermoso que parte de nuestro legado sean todas las cosas buenas que ayudamos a construir en el corazón de otros, simplemente usando palabras que levantan y bendicen?

Reflexiona y aplícalo: ¿Hay alguien en tu vida —un familiar, una amistad, alguien en tu vecindario o de tu iglesia— que necesite una palabra de aliento hoy o esta semana? Pídele a Dios que te muestre quién es y busca el momento para hablarle con amor, diciendo justo lo que necesita escuchar.

Oración: *Padre celestial, pon un guardián en mi boca y ayúdame a usar siempre mis palabras para el bien. Lléname de Tu sabiduría y amor para hablar solo lo que ayude a fortalecer a los demás. Haz que mis palabras sean fuente de ánimo, Señor, una bendición para quienes me escuchen, para que reflejen Tu gracia. Amén.*

34. Una Vida que Deja Huella: Vivir con Propósito y Sentido

Hagan brillar su luz delante de todos, para que ellos puedan ver las buenas obras de ustedes y alaben a su Padre que está en los cielos.
–Mateo 5:16

A veces, especialmente cuando cambian las etapas de la vida y nuestros roles se transforman, podemos preguntarnos si nuestra vida sigue teniendo sentido, si realmente estamos dejando una huella. Pero Jesús nos ofrece una perspectiva hermosa y alentadora: nuestro valor no depende de títulos importantes ni de logros públicos, sino del acto sencillo, pero lleno de sentido, de dejar que la luz que Dios nos ha dado brille delante de los demás a través de nuestras buenas obras, para gloria de Él.

Cada acto de bondad, cada oración que realizamos en nombre de otra persona, cada momento en que elegimos el amor en lugar de la indiferencia, cada vez que reflejamos Su carácter... todo eso son "buenas obras" que iluminan el mundo a nuestro alrededor. Son la evidencia de una vida vivida en conexión con el Padre, y tienen el poder de acercar a otros a Él. Tu vida, de verdad, le importa profundamente a Dios, y puede seguir teniendo propósito y sentido real en esta etapa de retiro. De hecho, con la sabiduría que has adquirido y quizás más libertad en tu agenda, este puede ser un tiempo en que tu luz brille con más fuerza que nunca.

No se trata de buscar reconocimiento, sino de vivir con fidelidad el amor y la verdad de Cristo en lo cotidiano. Ya sea con una sonrisa amable, un gesto de ayuda, una actitud paciente o una palabra de esperanza, estás reflejando Su luz. Y cuando otros vean esas buenas obras, el resultado —como desea Jesús— será que glorifiquen a nuestro Padre celestial. ¡Qué manera tan hermosa y llena de propósito de vivir!

Reflexiona y aplícalo: Esta semana, piensa en tus interacciones y oportunidades. ¿Qué gestos pequeños y concretos puedes elegir con intención para que tu luz brille delante de los demás, y al ver tus buenas obras, se sientan movidos a glorificar a tu Padre celestial?

Oración: *Señor amado, gracias por darme la certeza de que mi vida tiene valor a Tus ojos. Ayúdame a reflejar con fidelidad Tu luz en todo lo que hago y digo. Que mis buenas obras, inspiradas por Tu amor, apunten a Ti y den gloria a Tu santo nombre. Guíame a vivir una vida que realmente importe, hoy y siempre. Amén.*

35. La Antorcha en Movimiento: Compartir la Llama de la Fe

No las esconderemos de sus descendientes; hablaremos a la generación venidera del poder del Señor, de sus proezas y de las maravillas que ha hecho.

–Salmo 78:4

Una de las herencias más hermosas y duraderas que podemos dejar, querida amiga, es la herencia de la fe. El salmista habla con una emoción muy real sobre lo importante que es no guardar las verdades de Dios solo para nosotros, sino contarlas a quienes vienen detrás: sus maravillas, su poder y todo lo asombroso que ha hecho. Es como cuidar con esmero una llama preciosa y luego pasar esa antorcha con amor, asegurándonos de que su luz siga brillando con fuerza.

Nuestra historia personal con Dios —los momentos en que Él ha sido fiel, las oraciones respondidas, las lecciones aprendidas en medio de pruebas, el consuelo hallado en Su Palabra— no es solo para nosotras. Son testimonios vivos de Su obra y están destinados a ser compartidos, especialmente con nuestros hijos, nietos y con todas las personas que Dios pone en nuestro camino y en las que podemos dejar huella. Esta etapa de retiro puede ofrecernos más tiempo sin apuros para tener esas conversaciones sagradas, para compartir el "porqué" de nuestra esperanza.

Reflexiona y aplícalo: Piensa en el camino de fe que has recorrido. ¿Qué obra específica del Señor, o qué historia personal de Su fidelidad, podrías compartir esta semana con alguien de una generación más joven —alguien de tu familia, estudiantes o amistades— para darle ánimo en su propio camino de fe?

Oración: *Dios fiel, gracias por el rico legado de fe y por Tus obras maravillosas a lo largo de la historia y en mi propia vida. Dame valor, sabiduría y oportunidades para contarle a la siguiente generación acerca de Tu poder, Tus maravillas y Tu amor que nunca falla. Que yo sea una portadora fiel de esta antorcha, transmitiendo la llama viva de la fe a quienes vienen detrás. Amén.*

36. Grabado en el Corazón: El Amor que Perdura

Ahora, pues, permanecen la fe, la esperanza y el amor. Pero el amor es el más importante.

–1 Corintios 13:13

Cuando todo está dicho y hecho, cuando nuestro tiempo en esta tierra llega a su fin, ¿qué es lo que realmente perdura? El apóstol Pablo, en su magnífico capítulo sobre el amor, nos da la respuesta: la fe, la esperanza y el amor. Y luego enfatiza: "Pero la mayor de ellas es el amor." Ese amor puro, semejante al de Cristo, es lo que más perdura y lo que más impacto tiene. Es, sin duda, el mejor legado que podemos dejar. Es la huella que dejamos en lo profundo del corazón de quienes Dios ha puesto en nuestro camino.

La fe nos permite ver lo invisible y confiar en las promesas de Dios. La esperanza ancla nuestra alma en medio de las tormentas. Pero el amor es la esencia misma de Dios, y es el ingrediente activo que da vida y sentido a nuestra fe y esperanza. Los actos de amor que ofrecemos —la paciencia con la que tratamos a otros, la bondad que mostramos, el perdón que concedemos y el apoyo que brindamos— son los que resuenan mucho después de que nos hayamos ido. Se convierten en recuerdos entrañables, fuentes de fortaleza y ejemplos que inspiran a otros.

Reflexiona y aplícalo: Piensa en las personas que Dios ha puesto cerca de ti. ¿Cómo podrías demostrarles esta semana un amor más paciente, más bondadoso, más generoso y dispuesto a perdonar? ¿Qué gestos concretos podrían dejar en ellas una huella que perdure? ¿Cómo te gustaría que tu amor fuera recordado?

Oración: *Señor amado, Tú eres amor, y nos has llamado a amar. Llena mi corazón hasta rebosar con Tu amor perfecto e incondicional, para que fluya en cada una de mis relaciones y encuentros. Ayúdame a hacer del amor la mayor búsqueda de mi vida, el rasgo que defina mis días y el legado más duradero que deje después de partir. Que mi vida sea un eco de Tu gran amor. Amén.*

37. Semillas Pequeñas, Árboles Grandes: El Efecto Multiplicador de la Bondad

No nos cansemos de hacer el bien, porque a su debido tiempo cosecharemos si no nos damos por vencidos. Por lo tanto, siempre que tengamos la oportunidad, hagamos bien a todos y en especial a los de la familia de la fe.

–Gálatas 6:9-10

Qué alentador es saber que incluso los gestos más pequeños de bondad pueden dejar una huella duradera, como semillas diminutas que, con el tiempo, se convierten en árboles altos que dan sombra y abrigo. A veces dudamos en ofrecer una palabra amable o una ayuda sencilla, preguntándonos si realmente marcará alguna diferencia. Pero la lógica de Dios no es como la nuestra: Él puede tomar nuestras acciones más humildes y multiplicar su efecto de formas que quizás nunca lleguemos a ver en esta vida.

El apóstol Pablo nos anima a no cansarnos de hacer el bien, porque hay una cosecha prometida si perseveramos. Y ese "hacer el bien" no siempre implica grandes gestos. Muchas veces se trata de lo cotidiano: una sonrisa sincera, un oído atento, una mano que se ofrece sin esperar nada a cambio, una oración silenciosa por alguien que está pasando por momentos difíciles. Son esas pequeñas semillas las que, sembradas con amor, pueden generar ondas de gracia y esperanza que se extienden mucho más allá de lo que imaginamos.

Reflexiona y aplícalo: ¿Hay algún gesto sencillo que podrías ofrecer esta semana? Tal vez a alguien de tu vecindario, a un familiar, a alguien de tu comunidad de fe o incluso a quien te atienda en el día a día. Hazlo con libertad, confiando en que Dios puede usarlo para bendecir, aunque no veas el resultado de inmediato.

Oración: *Padre bueno, haz que mi corazón se alegre al hacer el bien y al mostrar bondad a quienes me rodean. Cuando el cansancio me alcance, renueva mis fuerzas y recuérdame la cosecha que has prometido. Ayúdame a reconocer cada oportunidad que me das para sembrar amor, confiando en que Tú harás crecer esas semillas y las convertirás en bendiciones para otros. Amén.*

Capítulo 8

Tranquilidad, Descanso y Renovación

38. El Regalo de la Calma: Cuando Su Paz nos Envuelve

La paz les dejo; mi paz les doy. Yo no se la doy a ustedes como la da el mundo. No se angustien ni se acobarden.
–Juan 14:27

En un mundo que parece girar sin pausa y cambiar a cada momento, ese anhelo profundo de paz es algo que todas y todos sentimos en el corazón. Jesús, en su tierno adiós a los discípulos, les ofreció —y nos ofreció— un regalo precioso: Su paz. Y marcó una diferencia clave: "Yo no se la doy como la da el mundo." La paz del mundo suele ser frágil, dependiente de que todo esté en orden, de que no haya conflictos ni problemas. Pero la paz que Cristo da es distinta: es una calma que permanece, que sostiene el alma incluso en medio de la tormenta.

Para recibir ese regalo, necesitamos volvernos hacia Él con intención y soltar el control que ejercemos sobre nuestras preocupaciones. Es confiar en que Él es suficiente. Se trata de invitar Su presencia a empapar nuestras inquietudes y temores, dejando que Su calma nos envuelva. Cuando decidimos enfocarnos en Él en lugar de dejarnos arrastrar por las ansiedades que nos rodean, Su paz comienza a asentarse en el corazón como una manta cálida y reconfortante. Es un verdadero regalo de calma que el mundo no puede imitar.

Reflexiona y aplícalo: Cuando buscas paz, ¿dónde sueles mirar primero? ¿En que todo esté en orden... o en la presencia de Cristo contigo? Esta semana, si tu corazón se siente inquieto o temeroso, haz una pausa. Vuelve a Él. Deja que Su paz te envuelva, incluso si las circunstancias no cambian.

Oración: *Señor Jesús, gracias por el regalo incomparable de Tu paz, una paz que supera todo entendimiento humano. Cuando mi corazón se agite y las preocupaciones me inunden, ayúdame a volver a Ti y recibir la calma que solo Tú puedes dar. Que Tu paz perfecta guarde mi mente y mi corazón hoy y siempre, y me dé fuerzas para vivir sin miedo. Amén.*

39. Pausas Sagradas: Abrazar el Descanso que Renueva el Alma

Vengan a mí todos ustedes que están cansados y agobiados; yo les daré descanso. Carguen con mi yugo y aprendan de mí, pues yo soy apacible y humilde de corazón, y encontrarán descanso para sus almas.
–Mateo 11:28-29

Hay un cansancio profundo que puede instalarse en el alma, ¿verdad, querida amiga? No es solo agotamiento físico, sino esa fatiga que se acumula con los años, con las preocupaciones, con las cargas que hemos llevado por tanto tiempo. A quienes se sienten así, Jesús les hace una invitación tierna y compasiva: "Vengan a mí... y yo les daré descanso." No está hablando de una pausa superficial, sino de un descanso verdadero, profundo, que toca el alma.

Abrazar este descanso del alma implica crear pausas sagradas de manera intencional. Momentos en los que no hay que hacer nada más que estar con Jesús, soltar las cargas a Sus pies y dejar que Su paz nos renueve por dentro. A veces es una oración en silencio, una lectura sin apuro de Su Palabra, una canción que nos conecta con Él, o simplemente un rato tranquilo en medio de la naturaleza. Es en esas pausas donde el alma respira hondo y encuentra el alivio profundo que solo Él puede dar.

Reflexiona y aplícalo: En esta etapa de tu vida, ¿cómo se ve y se siente el descanso verdadero para tu alma? ¿Hay alguna carga que has estado llevando sola y que podrías entregar a Jesús? Esta semana, busca un momento para acercarte a Él con intención. Haz una pausa, respira hondo y deja que Su presencia te renueve por dentro con esa paz profunda que solo Él puede dar.

Oración: *Señor Jesús, escucho Tu suave invitación a acercarme cuando estoy cansada y llevando cargas. Gracias por la promesa de descanso para mi alma. Enséñame a llevar Tu yugo y aprender de Tu corazón apacible y humilde. Ayúdame a abrazar pausas sagradas, a dejar mis cargas a Tus pies y a encontrar en Tu presencia un descanso profundo que me renueve por dentro. Amén.*

40. Soltar el Peso: La Libertad de Entregar Tus Cargas

Depositen en él toda ansiedad, porque él cuida de ustedes.
—1 Pedro 5:7

¡Cuánto peso llevamos a veces! Preocupaciones por nuestros seres queridos, inquietudes sobre la salud, temores por el futuro, o incluso el peso persistente de lo que ya pasó y no podemos cambiar. Todo eso puede sentirse como si la mochila del alma cargara grandes piedras mientras seguimos caminando. Pero la buena noticia que nos da la Palabra de Dios es clara: no estamos hechas para cargar tanto peso solas y Pedro nos lo recuerda con una sencillez liberadora: "Depositen en Él todas sus angustias, porque Él cuida de ustedes."

Fíjate en lo que esa invitación abarca: todas tus angustias, no solo los miedos grandes y abrumadores, sino también esas preocupaciones pequeñas que se cuelan en el corazón. ¿Y por qué podemos hacerlo con confianza? Porque Él cuida de nosotras. No es un Dios lejano ni impersonal. Es nuestro Padre amoroso, profundamente atento a cada detalle de nuestra vida y a cada emoción que nos toca. Su cuidado es tierno, constante y total.

El acto de entregar nuestras cargas no es algo automático: requiere intención. Es reconocer con honestidad lo que nos inquieta y, mediante la oración y la entrega, ponerlo deliberadamente en manos de Dios. Imagínalo: llevar esa preocupación que llevas en el corazón y depositarla en Sus manos fuertes y fieles. Qué libertad se siente al soltar. No significa que el problema desaparezca por completo, pero sí que ya no lo llevas sola. Lo has confiado a Aquel que puede con todo y Su paz comienza a ocupar el lugar de tu ansiedad.

Reflexiona y aplícalo: Tómate un momento para reconocer qué preocupaciones o cargas pesan hoy en tu mente o en tu corazón. Esta semana, practica el acto de entregarlas a Jesús con intención. Incluso puedes imaginarte haciéndolo: tomando cada una y colocándola en Sus manos. ¿Cómo se siente al soltar ese peso con plena confianza en Su cuidado profundo y personal por ti?

Oración: *Padre amoroso, gracias por Tu promesa maravillosa: puedo entregarte todas mis angustias porque Tú cuidas profundamente de mí. Dame la fe y el valor para soltar mis preocupaciones, temores y cargas en Tus manos llenas de amor. Ayúdame a experimentar la ligereza y la libertad que nacen de confiar en Tu cuidado constante. Que Tu paz reine en mi corazón. Amén.*

41. Manantiales de Vida Nueva: Renovar el Espíritu Cada Día

Pero los que confían en el Señor renovarán sus fuerzas; levantarán el vuelo como las águilas, correrán y no se fatigarán, caminarán y no se cansarán.

–Isaías 40:31

Incluso en las etapas más tranquilas y plenas de la vida —incluida esta etapa de retiro— el alma puede sentirse algo cansada, ¿verdad, querida amiga? Como un jardín que necesita agua constante para florecer, nuestro interior también requiere renovación continua para mantenerse vivo y fuerte. En el versículo, el profeta Isaías nos ofrece una promesa verdaderamente hermosa: quienes ponen su esperanza en el Señor verán sus fuerzas renovadas de manera profunda y maravillosa.

¿Y qué significa "poner la esperanza en el Señor"? No es solo desear que todo salga bien. Es confiar activamente en Su bondad, en Su poder y en Su fidelidad. Es anclar el corazón en Él, sin importar cómo estén las circunstancias ni cómo nos sintamos en el momento. Y cuando lo hacemos, la promesa es clara: nuestras fuerzas se renuevan. Tanto, que podemos "volar como las águilas", correr sin fatigarnos y caminar sin desfallecer. Qué imagen tan inspiradora.

Esta renovación espiritual no ocurre una sola vez. Es un proceso diario. Podemos acceder a estos "manantiales de vida nueva" a través de prácticas que nos acerquen a Dios. Tal vez sea un tiempo de adoración sincera, contemplar la belleza de Su creación, compartir con otras creyentes, expresar nuestra creatividad o encontrar gozo al servir a los demás. Todas son formas en que Su Espíritu puede soplar como una brisa fresca de vida, dándonos nueva energía, una mirada más luminosa y un renovado entusiasmo por Él.

Reflexiona y aplícalo: ¿Qué prácticas o actividades te ayudan personalmente a renovar tu espíritu y sentirte más cerca de Dios? Esta semana, elige una o más de esas "fuentes de vida nueva" y hazles espacio en tu rutina. Permite que Su fuerza renovada te impulse a volar.

Oración: *Señor, mi esperanza está en Ti. Cuando mi espíritu se siente cansado, renueva mis fuerzas como lo prometiste. Ayúdame a volar por encima de los desafíos como el águila, a correr sin fatigarte y a caminar firme en Tus caminos sin desfallecer. Llévame cada día a los manantiales de Tu vida nueva, para ser renovada y fortalecida en Tu presencia. Amén.*

42. Sus Manos nos Sostienen: La Tranquilidad de Confiar en Su Provisión

Así que mi Dios les proveerá de todo lo que necesiten, conforme a las gloriosas riquezas que tiene en Cristo Jesús.
–Filipenses 4:19

Una de las certezas más reconfortantes de nuestra fe, querida amiga, es saber que estamos sostenidas —seguras y en paz— en las manos amorosas de Dios, y que Él cuida de nosotras en todo momento. Las inquietudes sobre la provisión —ya sea material, emocional o espiritual— pueden aparecer en cualquier etapa de la vida, y esta no es la excepción. Pero el apóstol Pablo nos recuerda con firmeza y ternura que Dios suplirá todas nuestras necesidades, no desde la escasez, sino desde las gloriosas riquezas que tiene en Cristo Jesús.

Tómate un momento para dejar que esa promesa tan inmensa abrace tu corazón. Dios suplirá todas tus necesidades. No solo algunas, ni solo las más fáciles, sino todas. Y lo hará no desde la escasez, sino "conforme a las gloriosas riquezas que tiene en Cristo Jesús". Imagina por un instante la abundancia inconmensurable e inagotable de la gloria celestial: ese es el recurso desde el cual Dios provee a Sus hijas amadas. No se trata de una promesa de lujos o caprichos, sino de una certeza firme y amorosa: nuestras verdaderas necesidades serán cubiertas.

Confiar en que Dios provee lo que necesitamos nos trae una profunda paz y seguridad. Nos permite soltar la ansiedad y descansar en Su cuidado constante y lleno de amor. Si miras hacia atrás en tu vida, ¿puedes recordar momentos en que Él proveyó quizás de formas que no esperabas? Esos recuerdos se vuelven pilares de fe, y nos ayudan a confiar en que Él sigue obrando hasta hoy. Mientras atraviesas esta etapa, que encuentres descanso en saber que el mismo Dios que te ha sostenido hasta aquí seguirá supliendo cada necesidad, desde las gloriosas riquezas que tiene en Cristo Jesús.

Reflexiona y aplícalo: ¿Hay alguna necesidad —material, emocional, espiritual o de otro tipo— que hoy te cueste entregar por completo a Dios? Esta semana, tómate un momento para recordar Su fidelidad en tu vida. ¿Cómo podrías confiarle esa necesidad actual, descansando en la promesa de Filipenses 4:19?

Oración: *Dios fiel y proveedor, gracias por Tu increíble promesa de suplir todo lo que necesito con la abundancia de Tu gloria en Cristo Jesús. Cuando me asalten las preocupaciones, fortalece mi fe y recuérdame que siempre estás cuidando de mí. Enséñame a descansar en Ti, confiando en que estoy segura en Tus manos amorosas y capaces. Que Tu paz llene mi corazón al confiar en Ti. Amén.*

Capítulo 9

Servir con Alegría y Propósito

43. Tus Dones son un Regalo: Úsalos para Reflejar Su Gloria

Tenemos dones diferentes, según la gracia que se nos ha dado. Si el don de alguien es el de profecía, que lo use en proporción con su fe; si es el de prestar un servicio, que lo preste; si es el de enseñar, que enseñe; si es el de animar a otros, que los anime; si es el de socorrer a los necesitados, que dé con generosidad; si es el de dirigir, que dirija con esmero; si es el de mostrar compasión, que lo haga con alegría.
–Romanos 12:6-8

¿No es maravilloso saber que nuestro Creador, en Su amor, ha dado a cada una dones únicos? Tal como Pablo lo escribe en su carta a los Romanos, todas hemos recibido distintos regalos por Su gracia: dones para servir, enseñar, animar, compartir, liderar, consolar... y muchos más. No son simples habilidades que se nos dan bien; son regalos especiales que vienen directamente de Dios, pensados para algo mucho más grande que nosotras mismas: reflejar Su gloria y edificar Su familia aquí en la tierra.

Esta etapa de retiro puede ser un tiempo precioso para redescubrir, despertar o poner en práctica los dones que Dios ha puesto en ti. Tal vez hay algo que estuvo en pausa durante los años de trabajo y ahora puede florecer con libertad. O quizás descubras que la experiencia y la sabiduría que has acumulado te permiten usar tus talentos de siempre con mayor profundidad, sensibilidad y propósito. Ya sea acompañando a alguien desde tu don de enseñanza, ofreciendo ayuda práctica con tu don de servicio o alegrando el día de alguien con tu don de ánimo o compasión, hay una alegría especial que brota cuando servimos desde lo que Dios ha sembrado en nosotras.

Reflexiona y aplícalo: Haz una pausa y piensa en los dones que Dios ha puesto en ti: eso que disfrutas hacer o que te sale de forma natural cuando acompañas, ayudas o animas a alguien. ¿Cómo podrías usar uno de esos dones esta semana, con alegría, para servir a alguien y reflejar la gloria de Dios, viviendo el espíritu generoso, diligente o compasivo que describe Pablo?

Oración: *Dios bueno y generoso, gracias por los dones y talentos únicos que has sembrado en mí. Ayúdame a reconocerlos con claridad y a encontrar oportunidades alegres para usarlos, bendecir a otros y reflejar Tu gloria. Que mi espíritu preste servicio de manera alegre y diligente, para que todo lo que haga sea en Tu honor. Amén.*

44. Ojos Abiertos, Corazón Dispuesto: Encontrar Oportunidades para Servir

Sírvanse unos a otros con amor.
–Gálatas 5:13

Las oportunidades para servir están por todas partes, aunque muchas veces se esconden en los momentos más simples de la vida cotidiana. No siempre llegan con una invitación formal ni con grandes anuncios. Más bien, suelen ser esos pequeños impulsos del Espíritu, esa conciencia de una necesidad, o como ese suave llamado a acercarse. El consejo de Pablo en Gálatas —"sírvanse unos a otros con amor"— va directo al corazón del asunto: el verdadero servicio nace de un corazón abierto, dispuesto y lleno de amor.

Vivir con los ojos atentos y el corazón abierto es una forma hermosa de expresar nuestra fe. Se trata de estar disponibles para Dios, de dejar que Él nos guíe y nos sorprenda con formas inesperadas de servir. Cuando comenzamos cada día con esa actitud, descubrimos que las oportunidades para amar, ayudar y marcar una diferencia abundan, y que los momentos cotidianos pueden convertirse en encuentros sagrados.

Reflexiona y aplícalo: Esta semana, pídele a Dios que te ayude a ver con atención las necesidades que te rodean —ya sea en tu familia, entre amistades, en tu vecindario o incluso en personas que apenas conoces. ¿Cómo podrías responder con amor humilde a una oportunidad concreta que Él ponga frente a ti?

Oración: *Señor, abre mis ojos para ser capaz de ver las necesidades que me rodean y un corazón siempre dispuesto a servir con amor humilde. Hazme sensible a los impulsos de Tu Espíritu para que pueda acercarme a quienes Tú quieres que bendiga. Que mi vida refleje Tu espíritu servicial. Amén.*

45. Más que un Deber: La Alegría de Marcar una Diferencia

Hay más dicha en dar que en recibir.
–Hechos 20:35

Esas palabras tan profundas y llenas de sentido que nuestro Señor Jesús compartió —y que Pablo nos transmitió— nos revelan algo extraordinario sobre la dinámica espiritual: hay una bendición especial, una alegría profunda, que nos inunda cuando damos de nosotras mismas para ayudar a otros. Aunque recibir regalos y gestos de bondad es sin duda una bendición, Jesús nos enseña que el acto de dar —ya sea tiempo, recursos, talentos o compasión— trae a nuestra alma una plenitud y un gozo aún mayores.

A veces, podemos acercarnos al servicio o a la ayuda al prójimo como si fuera un deber, algo que "deberíamos" hacer por ser seguidoras de Cristo. Y aunque la obediencia sí forma parte del camino, lo que Dios realmente desea es que descubramos la alegría sencilla y profunda que se encuentra en el acto de servir y dar. Cuando damos un paso para responder a una necesidad, animar a un corazón decaído o contribuir a una causa más grande que nosotras mismas, algo extraordinario ocurre dentro de nosotras: sentimos propósito, conexión con otros y, muchas veces, una presencia tangible de Dios obrando a través nuestro.

Reflexiona y aplícalo: ¿Recuerdas alguna ocasión en que dar de ti misma —ya sea tiempo, ayuda o consuelo— te trajo una alegría inesperada o una satisfacción profunda? Vuelve a meditar en las palabras de Jesús: "Hay más dicha en dar que en recibir." ¿Cómo podría esa verdad inspirarte a buscar esta semana una oportunidad concreta para servir o dar con generosidad?

Oración: *Señor Jesús, gracias por enseñarnos esta verdad tan profunda: que hay más dicha en dar que en recibir. Cultiva en mí un espíritu generoso y un corazón que encuentre gozo en servir a otros y en marcar una diferencia positiva en sus vidas. Muéstrame cómo puedo dar de mí misma de maneras que te honren y bendigan a quienes me rodean. Amén.*

46. Una Actitud Alegre: El Corazón Detrás del Servicio

Cada uno debe dar según lo que haya decidido en su corazón, no de mala gana ni por obligación, porque Dios ama al que da con alegría.
–2 Corintios 9:7

Aunque este pasaje de la carta a los Corintios se refiere principalmente a la generosidad financiera, el principio que transmite sobre el corazón con que damos tiene mucho que decir sobre todas las formas de servicio, ¿no es así, querida amiga? A Dios le importa profundamente no solo lo que hacemos por los demás, sino también el espíritu y la motivación con que lo hacemos. Él "ama al que da con alegría", a quien sirve y entrega no por obligación ni por costumbre, sino desde un corazón genuinamente dispuesto y gozoso.

A veces caemos en la rutina de servir por deber o por compromiso. Sabemos que es "lo correcto", así que cumplimos con lo que toca. Pero imagina la diferencia —para nosotras y para quienes reciben— cuando nuestras acciones nacen de una alegría auténtica y de un deseo sincero de bendecir. Una actitud gozosa puede transformar incluso una tarea sencilla en un acto de adoración, y hacer que la persona servida se sienta verdaderamente valorada y amada, no como una carga.

Esta alegría al servir no significa que siempre tengamos que sentirnos entusiastas o llenas de energía, sobre todo cuando la tarea es difícil. Pero sí implica buscar ese "sí" profundo en el corazón —esa disposición que brota cuando recordamos cuánto nos ama Dios y sentimos el deseo de compartir ese amor con quienes nos rodean. Es encontrar gozo en ser parte de lo que Él está haciendo, en ser sus manos y sus pies en este mundo. Y cuando le pedimos que transforme nuestro interior, Él puede cambiar cualquier resistencia por una alegría genuina al dar y servir.

Reflexiona y aplícalo: Haz una pausa y observa con honestidad cómo te acercas a las oportunidades de servir o entregar tu tiempo y energía. ¿Lo haces con alegría o, a veces, con cierta resistencia? Esta semana, pídele a Dios que forme en ti un corazón dispuesto y gozoso, para que cada tarea o encuentro se convierta en una ocasión de bendecir con amor y ligereza.

Oración: *Padre bueno, Tú eres el dador alegre por excelencia, siempre derramando Tu amor y Tu gracia sobre nosotras. Transforma mi corazón para que pueda dar y servir con una verdadera alegría, sin sentirme obligada ni hacerlo por compromiso. Enséñame a encontrar gozo en ser instrumento de Tu bendición, y a que cada gesto de servicio sea una ofrenda que te honre y refleje Tu amor. Amén.*

47. Seguir Sus Pasos: Un Corazón Dispuesto a Servir

Porque ni aun el Hijo del hombre vino para que le sirvan, sino para servir y para dar su vida en rescate por muchos.
–Marcos 10:45

En este mundo donde la grandeza suele asociarse con el poder, el estatus o la cantidad de personas que nos sirven, Jesús vino a cambiar por completo esa idea. Él, el Hijo del hombre, el Rey de reyes, dijo con claridad: "No vino para que le sirvan, sino para servir". Toda su vida fue una expresión de entrega humilde y generosa, que culminó en el acto supremo de dar su vida por nosotras. Qué ejemplo tan profundo nos dejó: nos invita a descubrir que la verdadera grandeza no está en recibir atención, sino en cultivar un corazón que sirve con amor, como el de Él.

Tener un corazón dispuesto a servir significa buscar activamente maneras de poner las necesidades de otros por delante de las nuestras, ofrecer ayuda sin esperar nada a cambio y hacerlo con humildad y amor. Es cambiar el "¿qué gano yo?" por un "¿cómo puedo ayudar?". Claro, eso no siempre nos nace de forma natural, ¿verdad? Pero cuando seguimos mirando a Jesús y le pedimos a su Espíritu que nos transforme desde adentro, empezamos a crecer poco a poco en esta forma de vivir centrada en Él y en el bienestar de los demás.

Esta etapa de retiro, quizás libre de muchas de las metas profesionales o presiones competitivas de años anteriores, puede ser un terreno fértil para cultivar un corazón aún más dispuesto a servir. Es una oportunidad para entregarnos a los demás de maneras nuevas y con propósito, reflejando el amor de Aquel que nos sirvió primero. Seguir sus pasos, elegir el camino del servicio y entregarnos con amor nos lleva a una plenitud espiritual profunda y a una alegría serena que transforma el corazón.

Reflexiona y aplícalo: Piensa en el ejemplo de la vida de Jesús. ¿De qué maneras concretas mostró un corazón dispuesto a servir? Y al mirar tu propia vida y tus relaciones esta semana, ¿cómo podrías elegir conscientemente seguir más de cerca sus pasos, adoptando una actitud de servicio en lugar de buscar que te sirvan?

Oración: *Señor Jesús, Tú eres el ejemplo perfecto de un corazón dispuesto a servir. Gracias por venir, no para ser servido, sino para servir, y por entregar tu vida por mí. Cultiva en mí un corazón como el tuyo: humilde, generoso y siempre dispuesto a servir con amor. Ayúdame a encontrar verdadera alegría y propósito al seguir tus pasos, entregándome con libertad para tu gloria. Amén.*

Capítulo 10

Esperanza en la Gracia que Viene

48. El Ancla Invisible: Esperanza que Sostiene en Cada Etapa

Tenemos como firme y segura ancla del alma una esperanza.
–Hebreos 6:19

Querida amiga, al recorrer la vida, con todos sus momentos hermosos y sus desafíos inevitables, hay una presencia especial y constante que puede evitar que nuestro ánimo se descontrole cuando todo parece un mar agitado: ese regalo precioso llamado esperanza. El autor de Hebreos la describe con fuerza: es una "firme y segura ancla del alma". No es un pensamiento débil ni un deseo incierto, sino un ancla sólida y confiable que nos mantiene firmes, sin importar los vientos que soplen.

¿Qué es esta esperanza para nosotras como cristianas? Es esa certeza profunda que sentimos porque sabemos que el carácter de Dios no cambia y que sus promesas siempre se cumplen. Es saber que Él es bueno, que tiene el control, y que está obrando en todo para el bien de quienes lo aman. Esta esperanza no niega las dificultades, pero las mira más allá, hacia la certeza de la victoria final de Dios y su presencia amorosa con nosotras en todo momento.

Reflexiona y aplícalo: Piensa en las "aguas" que estás navegando hoy. ¿Hay alguna parte de tu vida donde sientas una necesidad especial de la esperanza que estabiliza? ¿Cómo podrías aferrarte de forma consciente a esa "ancla firme y segura" que Dios te ofrece? Tal vez podrías hacerlo enfocándote esta semana en una promesa específica suya.

Oración: *Señor amado, gracias por el regalo increíble de la esperanza, un ancla para mi alma, firme y segura. Cuando enfrente incertidumbres o me sienta sacudida por las tormentas de la vida, ayúdame a aferrarme con fuerza a la esperanza firme que tengo en Ti. Que tu esperanza me llene de paz y estabilidad, hoy y siempre. Amén.*

49. Ayer, Hoy y Siempre: Su Fidelidad Constante

Jesucristo es el mismo ayer, hoy y por siempre.
–Hebreos 13:8

Querida amiga, en medio de tantos cambios, ¿no es una bendición saber que Jesús no cambia jamás? Jesús permanece igual, por completo y de manera maravillosa. Las modas se transforman, las circunstancias varían, y hasta nuestras capacidades y salud pueden fluctuar con el tiempo, pero Él permanece: el mismo Salvador amoroso, poderoso y fiel ayer, hoy y en todos nuestros mañanas

Al acercarnos a lo que muchos llaman los "años dorados", y quizás también al final de este recorrido devocional que hemos compartido durante el año, es un momento precioso para mirar atrás y reconocer la fidelidad constante de Dios a lo largo de nuestra vida. ¿Puedes ver su mano guiándote, su fuerza sosteniéndote y su consuelo acompañándote en alegrías y tristezas pasadas? Cada uno de esos momentos es un recordatorio hermoso de que Él nunca cambia. El Dios que suplió tus necesidades entonces es el mismo que está contigo ahora, y es el mismo que te acompañará en todo lo que venga.

Reflexiona y aplícalo: Tómate unos minutos para mirar un poco hacia el pasado, ya sea en tu vida o en este último año. ¿Puedes recordar un momento específico en que experimentaste claramente la fidelidad constante de Dios o su ayuda oportuna? ¿Cómo te da ánimo y esperanza para hoy —y para todos tus mañanas— el hecho de saber que Él no cambia?

Oración: Señor Jesús, gracias por tu promesa increíble: eres el mismo ayer, hoy y siempre. Tu fidelidad es mi consuelo y mi apoyo constante. Ayúdame a descansar con seguridad en tu amor y en tu carácter inalterables, especialmente cuando todo lo demás a mi alrededor cambia. El saber que tú no cambias me llena de esperanza y de paz para los días que vendrán. Amén.

50. Más Allá del Horizonte: Mirar con Fe Hacia lo que Viene

Olvidando lo que queda atrás y esforzándome por alcanzar lo que está delante, sigo avanzando hacia la meta para ganar el premio que Dios ofrece mediante su llamamiento celestial en Cristo Jesús.
–Filipenses 3:13–14

Aunque es hermoso recordar cómo Dios ha sido fiel en el camino recorrido, nuestra fe también nos llama a seguir avanzando con esperanza hacia lo que viene, ¿verdad, querida amiga? El apóstol Pablo, a pesar de todas sus experiencias extraordinarias, no se detenía en sus logros ni en sus fracasos. En cambio, se "esforzaba por alcanzar lo que estaba delante", avanzando hacia el glorioso premio del llamamiento celestial de Dios en Cristo Jesús.

Esta mirada hacia el futuro es parte vital de una fe viva, especialmente en esta etapa de la vida. El retiro no es solo una oportunidad para mirar hacia atrás; también es una invitación a recibir con esperanza todo lo que Dios aún tiene para ti: nuevas oportunidades de crecimiento, servicio y una comunión más profunda con Él. Es reconocer que Él no ha terminado contigo, y que todavía hay horizontes espirituales por explorar, nuevas formas de reflejar su amor, y ese premio final —la vida eterna con Él— que podemos anticipar con gozo.

Reflexiona y aplícalo: En esta etapa de tu vida, ¿qué "meta" o aspecto de tu caminar espiritual sientes que Dios te está llamando a seguir cultivando? ¿Cómo puedes alimentar esta semana un espíritu de esperanza fiel y alegre por todo lo que Él aún tiene preparado para ti, tanto en esta vida como en la venidera?

Oración: *Padre celestial, siembra en mí una fe que mira hacia adelante, dispuesta a recibir todo lo que aún tienes para mí. Ayúdame a soltar todo lo del pasado que pueda estorbarme y a avanzar con esperanza y alegría hacia el premio de tu llamamiento celestial en Cristo Jesús. Que mi corazón siempre se esfuerce por alcanzar lo que está delante, dentro de tu buen plan. Amén.*

51. La Gracia Inagotable: Vivir Cada Día en Su Suficiencia

Pero él me dijo: "Te basta con mi gracia, pues mi poder se perfecciona en la debilidad".

–2 Corintios 12:9

¡Qué belleza y qué verdad tan profunda encierra la gracia de Dios, querida amiga! "La gracia de Dios" es una expresión que escuchamos con frecuencia en nuestra fe, pero a veces se nos escapa todo el poder vital que encierra. No es solo esa bondad inmerecida que nos alcanzó cuando fuimos salvadas; es su presencia real y poderosa con nosotras en cada momento, para todo lo que podamos necesitar, sea pequeño o grande. Y como le dijo al apóstol Pablo, su gracia es siempre, sin excepción, suficiente.

¿No es reconfortante pensarlo? Sea cual sea el desafío que enfrentemos, la tarea que tengamos por delante o la debilidad que sintamos en nosotras mismas, su gracia basta. De hecho, Pablo comparte esa verdad asombrosa —casi al revés de lo que esperaríamos—: que el poder de Dios se perfecciona en la debilidad. Cuando llegamos al límite de nuestras fuerzas, capacidades o recursos, es precisamente ahí donde su poder divino puede brillar con más intensidad a través de nosotras.

Reflexiona y aplícalo: ¿Hay alguna área en tu vida donde sientas con especial claridad tu propia debilidad o insuficiencia? ¿Cómo puedes elegir esta semana apoyarte de forma consciente en la promesa de Dios, creyendo que Su gracia es suficiente para ti y que Su poder puede perfeccionarse justo en esa debilidad?

Oración: *Señor, gracias por tu gracia maravillosa y suficiente. Cuando me siento débil, insuficiente o abrumada, recuérdame que tu poder se perfecciona en mi debilidad. Ayúdame a no depender de mis propias fuerzas, sino a vivir cada momento con confianza y alegría en la suficiencia de tu gracia. Que tu fuerza sea mi canción. Amén.*

52. Nunca Sola: El Consuelo Constante de Su Presencia

Y les aseguro que estaré con ustedes siempre, hasta el fin del mundo.
–Mateo 28:20

Al llegar al final de este año de devocionales semanales que hemos compartido, ¿qué promesa podría ser más reconfortante y llena de esperanza que estas palabras finales que Jesús les dijo a sus discípulos? "Y estaré con ustedes siempre, hasta el fin del mundo." No es un deseo ni una posibilidad; es una promesa firme e inquebrantable de nuestro Señor resucitado. Nunca estamos solas.

A lo largo de cada etapa de la vida —en sus alegrías luminosas y en sus penas profundas, en tiempos de transición como el retiro y en todos los días comunes que hay entre medio— su presencia es nuestra compañía constante. Él está con nosotras en los momentos de silencio y reflexión, en la comunión con otras personas, en los actos de servicio, e incluso cuando sentimos que hemos tropezado o perdido el rumbo. Su presencia es nuestro consuelo, nuestra fuerza, nuestra guía y nuestra mayor alegría.

Reflexiona y aplícalo: Al mirar hacia atrás, ya sea sobre este último año o sobre tu recorrido con estos devocionales, ¿puedes identificar algunas formas concretas en que has experimentado la presencia de Dios o lo has sentido cerca? ¿Cómo te llena de paz y esperanza la promesa de Jesús de estar contigo "siempre", para todos los días que aún están por venir?

Oración: *Amado Señor Jesús, gracias con todo mi corazón por tu increíble promesa de estar conmigo siempre, incluso hasta el fin del mundo. Tu presencia es mi mayor consuelo, mi alegría más profunda y mi esperanza más segura. Al continuar mi camino, que nunca pierda de vista tu cercanía, encontrando en tu compañía constante la fuerza, la guía y el amor inquebrantable que necesito. Gracias por caminar conmigo, hoy y siempre. Amén.*

Conclusión

Al llegar al final de estos 52 momentos compartidos, mi corazón se llena de una calidez suave, parecida a la que queda después de una buena y larga conversación con una amiga entrañable. Hemos recorrido juntas un camino lleno de temas profundos e importantes en esta etapa única y valiosa, como lo es el retiro: desde abrazar nuevos comienzos con esperanza hasta cultivar un espíritu agradecido, profundizar nuestras raíces en la fe y encontrar alegría en la hermosa mezcla de los momentos cotidianos.

También reflexionamos sobre la importancia de cuidar nuestras relaciones, buscar la sabiduría de Dios, dejar un legado de amor, encontrar verdadero descanso en Él, servir con un corazón abierto y mirar hacia adelante con una esperanza firme en la gracia que nos aguarda en Su compañía. En cada paso, la oración ha sido la misma: que puedas experimentar una conexión más viva con tu Padre celestial y descubrir, con ternura y claridad, los propósitos que Él sigue teniendo para ti en esta etapa de la vida.

Y aunque estas páginas lleguen a su fin, el camino de fe que compartimos no termina aquí. El ritmo de detenerse cada semana para reflexionar, abrir la Palabra, orar con sencillez y buscar su presencia puede seguir acompañándote, como una melodía suave que te sostiene. Este libro no es un cierre, sino una semilla. Algunas de esas semillas ya han brotado; otras lo harán en su tiempo. Todas están llamadas a florecer mientras caminas cada vez más cerca de Él. El Señor no se despide. Su presencia permanece. Sus misericordias se renuevan cada mañana. Su guía está disponible en cada paso. Su amor no se agota. Sigue buscándolo, querida amiga, porque Él nunca deja de estar cerca.

Y así, al despedirnos por ahora en estas páginas, quiero dejarte mi bendición más sincera: que tus años en esta etapa de retiro estén llenos, hasta desbordar, de las bendiciones más ricas del Señor; con una paz que sobrepase todo entendimiento, una alegría que no se pueda expresar con palabras, un propósito que renueve tu espíritu y una certeza constante de su amorosa presencia que nunca se desvanezca. Que sigas creciendo en Su gracia, descubriendo nuevas profundidades de Su amor y nuevos tesoros en Su Palabra.

Avanza con el corazón lleno de esperanza, el espíritu renovado y la confianza serena de que lo mejor aún está por venir, sostenido con ternura en sus manos fieles. Hasta que volvamos a encontrarnos —quizá de otra manera— que Dios te bendiga y te guarde siempre.

¿Puedo pedirte un pequeño favor?

Querida lectora,

Gracias por haber dedicado tiempo a *Gracia que renace: devocionario semanal para mujeres en etapa de retiro*. Esperamos que estas páginas hayan sido un aliento en tu caminar con el Señor durante esta nueva etapa de vida. Si este devocional ha sido de bendición para ti, ¿considerarías dejar una reseña en Amazon? Una reseña con foto o video sería un regalo enorme, pero cualquier comentario sincero —por sencillo que sea— nos ayuda a llegar a más mujeres con palabras de aliento basadas en la Palabra de Dios. Tu apoyo también bendice a nuestra pequeña editorial familiar, fundada por la nieta de una misionera y comprometida con el propósito de conectar a nuestras lectoras con las Escrituras de manera más profunda. Gracias por ayudarnos a seguir compartiendo esperanza, inspiración y el amor de Cristo.

Ayúdanos a correr la voz escaneando el código QR para dejar una reseña desde el corazón.

Referencias

About NIV translation. (s.f.). Christianbook.com. https://www.christianbook.com/page/bibles/about-bibles/about-translations/about-the-niv

Alonso, V., Defanti, F. M. G., Neri, A. L., & Cachioni, M. (2023). Meaning and purpose in life in aging: A scoping review. Psicologia: Teoria E Pesquisa, 39. https://doi.org/10.1590/0102.3772e39306.en

Books on a Christian retirement. (s.f.). Reformers Bookshop. https://reformers.com.au/collections/books-on-a-christian-retirement

Cheng, S.-T. (2009). Generativity in later life: Perceived respect from younger generations as a determinant of goal disengagement and psychological well-being. The Journals of Gerontology Series B, 64B(1), 45–54. https://doi.org/10.1093/geronb/gbn027

Chittister, J. (s.f.). The Gift of Years: Growing older gracefully. Joanchittister.org. https://joanchittister.org/books-page/gift-years-growing-older-gracefully

Chopik, W. J., Newton, N. J., Ryan, L. H., Kashdan, T. B., & Jarden, A. J. (2017). Gratitude across the life span: Age differences and links to subjective well-being. The Journal of Positive Psychology, 14(3), 292–302. https://doi.org/10.1080/17439760.2017.1414296

Emmons, R. A., & McCullough, M. E. (2003). Counting blessings versus burdens: An experimental investigation of gratitude and subjective well-being in daily life. Journal of Personality and Social Psychology, 84(2), 377–389. https://doi.org/10.1037/0022-3514.84.2.377

English Standard Version. (2001). ESV. https://www.esv.org/

Erikson, E. H. (1968). Identity: Youth and crisis. Norton.

Nueva Versión Internacional. (s.f.). Biblegateway. https://www.biblegateway.com/

The power of gratitude and giving in later life. (12 de diciembre de 2024). Family Home Health. https://www.familyhomehealthnetwork.com/the-power-of-gratitude-and-giving-in-later-life/

Wang, M., Hesketh, B., Zugec, L., Bhupatkar, A., Pugh, D., Johnson, G., Klein, S., Krauss, A., & Truxillo, D. (s.f.). Achieving well-being in retirement: Recommendations from 20 years of research. https://www.siop.org/wp-content/uploads/legacy/docs/SIOP-SHRM%20White%20Papers/SIOP-Achieving_Well-Being_in_Retirement_final.pdf

Archivo 532117327, por oz. Con licencia de Adobe Stock.

Archivo 288923517, por BillionPhotos.com. Con licencia de Adobe Stock.

www.ingramcontent.com/pod-product-compliance
Lightning Source LLC
LaVergne TN
LVHW010951110826
845149LV00015B/3292

* 9 7 8 1 9 6 9 5 0 5 0 8 9 *